명상에 대한
거의 모든 것

명상에 대한 거의 모든 것

일러스트와 함께 따라하기 쉬운 단계별 명상 안내서

지오반니 딘스트만(Giovanni Dienstmann) 지음 ㅣ **서종민** 옮김

불광출판사

Original Title: Practical Meditation
Copyright © Dorling Kindersley Limited, 2018
A Penguin Random House Company

Korean translation copyrights © 2020 Bulkwang Media Co.
Korean translation edition is published by arranged with Dorling Kindersley Limited, Lodon.

명상에 대한 거의 모든 것

일러스트와 함께 따라하기 쉬운 단계별 명상 안내서

초판 1쇄 발행 2020년 9월 2일

글쓴이 지오반니 딘스트만(Giovanni Dienstmann)
그린이 키스 헤이건(Keith Hagan)
옮긴이 서종민

발행인 박상근(최弘) · 편집인 류지호 · 상무이사 양동민 · 편집이사 김선경
책임편집 김재호 · 편집 이상근, 양민호, 김소영 · 디자인 쿠담디자인
제작 김명환 · 마케팅 김대현, 정승채, 이선호 · 관리 윤정안
펴낸 곳 불광출판사 (03150) 서울시 종로구 우정국로 45-13, 3층
대표전화 02) 420-3200 편집부 02) 420-3300 팩시밀리 02) 420-3400
출판등록 제300-2009-130호(1979. 10. 10.)

ISBN 978-89-7479-810-9 (03180)
값 20,000원
Printed in China

이 도서의 국립중앙도서관 출판예정도서목록(CIP)은 서지정보유통지원시스템 홈페이지(http://seoji.nl.go.kr)와 국가자료종합목록 구축시스템(http://kolis-net.nl.go.kr)에서 이용하실 수 있습니다.
(CIP제어번호: CIP2020016955)

잘못된 책은 구입하신 서점에서 바꾸어 드립니다.
독자의 의견을 기다립니다. www.bulkwang.co.kr
불광출판사는 (주)불광미디어의 단행본 브랜드입니다.

For the curious
www.dk.com

차례

들어가는 말

모두가 늘 앞서 나가려 애쓰는 이 시대에서는 특히 스트레스와 부정적인 감정을 떨쳐버리기 어렵고, 한 가지 우물만을 파기도, 지금 이 순간에 진심으로 집중하기도 어렵습니다. 눈 깜짝할 사이 인생이 흘러가버린 것 같기도 하고, 꿈꿔왔던 것과는 너무나 동떨어진 사람이 되어버린 것처럼 느껴지기도 하죠. 만일 이것이 여러분의 이야기 같다면 잘 찾아오셨습니다. 명상은 이 모든 걱정을 다스리고 더 많은 일들을 할 수 있도록 도와줍니다. 이 책을 펼침으로써 여러분은 이미 보다 차분하고 만족스러운 삶을 향한 중요한 첫 발을 내딛었습니다.

제가 열네 살인 때부터 명상은 제 삶의 중심에 있었습니다. 그때의 저는 불안과 걱정, 화에 시달리고 있었지만 그것 때문에 명상을 시작한 건 아닙니다. 그보다는 인생의 진정한 의미를 찾고, 스스로를 잘 단속하기 위해서, 그리고 제 안에 숨겨진 잠재력을 발휘하기 위해서였습니다. 신비주의와 영성에 깊이 매료되었던 저는 읽을 수 있는 모든 책을 섭렵했고,

만날 수 있는 모든 스승을 찾아가 배움을 구했습니다. 그 당시 제가 배웠던 것들이 녹아 있는 **1장**에서 명상이 무엇인지, 증명된 효과는 어떤 것들이 있는지, 그리고 여러분의 삶에 어떤 영향을 미칠 수 있는지를 살펴보며 여정을 시작할 것입니다.

2장에서는 처음으로 명상을 맛보며 즉각적인 평화를 느껴보고, 다섯 가지 간단한 '미니 명상'을 통해 어떤 기법이 나에게 맞는지 알아봅니다. 또한 명상 여정에서 무엇을 기대해도 좋은지, 어떻게 하면 함정에 빠지지 않을 수 있는지도 알아봅니다.

지난 18년 간 매일 해온 명상은 저의 정신과 제가 세상을 경험하는 방식을 완전히 바꾸었습니다. 명상의 여정에서 수차례 중요한 깨달음을 얻을 때는 특히 그랬죠. 임계점을 넘어설 때마다 부정적인 생각과 감정적 패턴들이 모두 사라지고, 상당한 심리적 고통도 5분 내로 수그러들었습니다. 기초가 탄탄한 매일의 명상이 없었더라면 불가능했을 일이죠. '매일'이라는 말에 겁먹을 필요는 없습니다. **3장**에서는 이제 막

명상을 시작한 여러분을 위해 지속 가능하고 보람 있는 방법을 찾아볼 테니까요. 이 장에서는 명상 습관을 기르는 방법과 초보 명상가가 흔히 마주하는 장애물들을 극복하는 방법을 알아볼 겁니다.

저는 개인의 성장과 계발을 깊이 연구하면서 80가지 이상의 명상법을 실험했으며, 이 중 가장 유명하고 쉬운 기법 39가지를 엄선해 4장에서 소개하려 합니다. 모두 집에서 간단히 따라할 수 있는 기법이죠.

저는 수년 간 수백 권의 책, 오랜 시간의 숙고, 셀 수 없이 많은 연습을 거듭한 끝에 명상의 모든 퍼즐 조각을 맞출 수 있었습니다. 그리하여 이 책의 5장이 탄생했습니다. 여기에서 우리는 명상과 일상을 한 데 합치는 방법, 부정적 감정이나 문제 해결 등과 같은 일상적 도전 과제를 해결하는 데 명상을 이용하는 방법, 그리고 직장인부터 운동선수까지 다양한 영역에 있는 이들의 실력을 향상시키는 방법을 알아볼 것입니다. 또한 명상을 다음 단계로 이어나가는 방법도 배워볼 겁니다.

제가 명상의 여정을 시작할 때에도 이런 책이 있었더라면 수많은 시간과 에너지를 아낄 수 있었을 겁니다. 어느 페이지를 펼치든 분명 유용하고 실용적인 무언가를 배울 수 있었을 것이기 때문입니다.

만약 여러분이 이 책을 처음부터 끝까지 읽는다면 여러분에게 필요한 명상의 모든 것을 폭넓게 이해할 수 있을 겁니다.

이제 잠시 멈춰봅시다. 여러분의 몸을 느껴보세요. 크게 심호흡한 뒤, 이제 페이지를 넘겨보세요. 명상을 향한 여러분의 여정에 변화가 가득하기를!

지오반니 딘스트만
명상 지도자, 작가, 코치

명상
이해하기

명상이란?

기초부터 살펴보기

명상은 본래 고통을 극복하고, 삶의 진정한 의미를 탐구하며, 고차원적 존재와 연결되기 위한 행위였습니다. 오늘날에는 개인적 성장과 수행 능력 신장을 도모하고, 최선의 건강과 행복을 찾기 위한 수단으로도 사용됩니다.

명상은 마음을 위한 활동, 즉 사색 행위입니다. 명상 방법에 따라 형태가 달라지기는 하지만 대개 다음의 요소를 포함합니다.

- **휴식**. 몸을 편안하게 풀고, 호흡을 늦추고, 마음을 진정시킵니다.
- **멈춤**. 전통적인 명상은 앉거나 누운 자세에서 몸을 움직이지 않습니다. 그러나 경행(걷기 명상)처럼 보다 역동적인 기법도 있습니다.
- **내면 들여다보기**. 눈을 감든 뜨든 외부의 세계가 아닌 자신의 내면에 집중합니다.
- **알아차림**. 자신의 정신적·감정적 상태를 살펴본 뒤 생각과 감정을 놓아줍니다.
- **초점**. 대부분의 명상은 촛불이나 자신의 호흡 등 어떤 한 가지에 초점을 맞추는 방식(집중)을 따르는 한편, 지금 이 순간 마음속에 나타나는 모든 것들에 초점을 맞추는 방식(관찰)도 있습니다.

몇몇 기법은 그 성질상 영적 요소를 포함할 수 있으며, 그 목적은 명상가가 새로운 의식 상태와 물질적 세계 너머의 실체들을 경험할 수 있도록 돕기 위함입니다. 그러나 대부분의 명상은 비종교적인 방식으로 행할 수 있으므로 특정 종교나 사상을 믿거나 따를 필요는 없습니다. 이 책에서는 바로 이 비종교적인 방법을 다룰 것입니다.

일상의 평화

명상을 통해 휴식, 초점, 알아차림 등 일상을 바꿔줄 유용한 기술들을 기를 수 있습니다.

"명상은 삶의 지평을 넓혀주고,
존재하는 줄도 몰랐던
새로운 선택지를 알려줍니다."

당신의 여정

명상은 무엇보다 여러분 자신의 마음을 이해하고
연습하며 탐험하는 방법입니다. 매우 개인적인
경험이죠.

이 책의 안내에 따라 자기 자신을 탐험하는 여정을
이어가며 경험 일지를 쓰면 도움이 될 겁니다.
일지를 통해 여러분은,

경험과 감정을 **곱씹을 수 있고**

동기가 부족해질 때 일지에 적어둔 목표들을
되새기며 **힘을 되찾을 수 있으며**

지금까지 얼마나 많은 것들을 해냈는지 **돌이켜볼 수
있습니다.**

이 여정에는 최종 목적지가 없다는 점을 명심하세요.
명상을 통해 더 많은 것을 배우고 발전할수록 더
많은 성장과 발전의 기회가 찾아올 겁니다.

명상에 관한 속설 파헤치기

흔한 질문과 오해

명상 여행이 처음이라면 명상을 어떻게 해야 하는지, 혹은 명상이 무엇인지에 관하여 궁금한 점이 많을 겁니다. 명상에 대해서 조금 더 알아보고, 널리 알려진 속설을 파헤쳐 본다면 더 많은 것들을 발견할 수 있습니다.

Q. 명상이 실제로 효과가 있나요?
명상은 고대부터 수천 년 동안 사람들이 보다 행복하고 평화로우며 더 나은 삶을 살 수 있게 만들어주었습니다(16~19쪽 참고). 명상이 마음과 신체에 미치는 다수의 유익한 영향은 과학적으로 증명된 바 있습니다(22~27쪽 참고).

Q. 명상은 종교적 행위인가요?
종교에서 비롯된 기법도 있지만, 명상 자체는 여러분의 마음을 위한 활동입니다. 비종교적 기법을 따라간다면 특정 종교를 믿지 않아도 명상을 할 수 있으며, 다른 어떤 종교나 무신론과 부딪힐 일도 없습니다.

Q. 명상과 마음챙김은 같은 것인가요?
아닙니다. 마음챙김이라는 말은 서로 다른 여러 가지를 지칭할 수 있습니다. 우선 자신의 호흡을 살피거나 현재의 경험에서 떠오르는 생각과 느낌을 관찰하는 활동을 마음챙김이라고 부릅니다. 이 경우 마음챙김은 명상의 수많은 유형 중 하나라고 할 수 있습니다(82~83쪽 참고). 한편 마음챙김은 의식과 기억, 집중력의 질을 가리키는 말이기도 합니다. 이 경우 마음챙김은 모든 종류의 명상에서 사용하며 일상 가운데 쉽게 행할 수 있는 기술이라 할 수 있습니다(140~141쪽 참고).

Q. 태극권이나 요가도 명상인가요?
태극권이나 요가는 명상 요소가 포함된 신체 활동입니다. 이 자체를 정확히 명상의 한 종류라 하긴 어렵지만 생활을 개선해주는 활동이자 명상의 마음가짐으로 행할 수 있는 활동입니다(94~95·96~97쪽 참고). 또한 본질적으로 천천히 마음을 챙기는 활동이므로 명상과 같은 효과를 발휘하기도 합니다.

Q. 명상을 하려면 마음을 진정시켜야 하나요?
아닙니다. 몸이 약해도 헬스장에 갈 수 있는 것처럼, 특정 마음 상태를 갖추지 못했더라도 명상할 수 있습니다. 마음을 진정시키는 데 명상이 도움을 줄 겁니다.

"열린 마음과 호기심을 가진다면 명상을 통해 큰 효과를 얻을 수 있습니다."

Q. 명상은 어렵지 않나요?

명상의 과정은 누구나 따라 할 수 있을 만큼 간단합니다. 물론 전통적 의미의 명상 상태에 이르기는 보다 어려우며, 한 가지에 완벽하게 집중했을 때에만 이를 수 있습니다. 하지만 매번 그러한 명상 상태에 이르는 사람은 매우 적으며, 꼭 그 상태가 아니더라도 명상을 통해 여러 효과를 얻을 수 있습니다.

Q. 명상할 때 생각을 멈추거나 비워야 하나요?

의지로 생각을 멈출 순 없습니다. 대신 명상을 할 때 마음속의 다른 모든 것들이 지워질 만큼 한 가지에만 집중합니다(74~75쪽 참고). 마음을 한 가지에만 온전히 집중하면 생각도 그리로 흐르고,

정신도 고요하고 차분해집니다. 그러나 이 상태에 이르기까지는 다년간의 연습이 필요하므로 명상을 시작하는 단계라면 신경 쓰지 않아도 좋습니다.

Q. 휴식과 현재에 대한 집중이 명상의 전부인가요?

휴식과 매 순간 알아차림(present moment awareness)은 명상의 핵심이며, 두 가지가 없이는 명상을 제대로 할 수 없습니다. 그러나 이는 시작점일 뿐입니다. 어느 기법을 택하는지에 따라 명상 또한 다른 방식으로 마음에 적용되어 알아차림과 집중력, 자기성찰, 그리고 통찰력을 발달시켜줍니다. 명상은 휴식으로 시작하지만 결국 마음의 이해와 통제와 확장을 도와줍니다.

Q. 올바른 명상법과 잘못된 명상법이 있나요?

운동과 식이습관에도 올바른 방법이 있고 틀린 방법이 있듯, 명상할 때에도 각 경험과 단계에 알맞은 특정 기법들을 따라야 합니다. 적절한 지도 없이도 명상을 통한 어느 정도의 휴식을 경험할 순 있지만 그 이상으로 나아가진 못할 것입니다.

명상에 관한 속설 파헤치기

계속 ▶

Q. 명상을 통한 깊은 휴식은 잠자는 것과 비슷한가요?

깊이 잠든다면 아무것도 알아차리지 못하는 상태가 되는 반면, 명상은 고도의 알아차림 행위입니다. 또한 명상은 의식적으로 쉬며 집중력을 기르는 데 도움을 주지만, 잠은 단순한 휴식과 회복의 행위입니다.

Q. 명상에 시간을 들이는 것은 자기중심적인 일인가요?

아닙니다. 명상은 잠자거나 밥 먹는 것과 마찬가지로 건강하고 균형 잡힌 좋은 상태를 유지하는 데 반드시 필요합니다. 최선의 상태일 때에만 진정으로 남을 섬기고, 이타적인 일을 할 수 있습니다. 또 번아웃을 피할 수 있습니다. 여러분이 명상을 통해 정신의 긍정적인 상태를 얻는다면 주변인들에게도 큰 도움이 될 겁니다.

Q. 명상은 일상에서 도망치는 행위인가요?

정반대입니다. 산만함이 일상에서 도망치는 행위죠. 명상은 모든 산만함을 물리치고 여러분 앞에 여러분을 데려다놓습니다. 또한 여러분이 마음속에 담아둔 모든 문제들보다 더 깊은 곳에 데려다줍니다. 탈출 전략으로 명상을 이용하려는 사람들도 있지만, 명상의 진정한 가르침은 탈출이 아닙니다.

Q. 명상을 하면 느려지고, 무감각해지며, 수동적이게 되나요?

아닙니다. 그러나 명상에 대한 여러분의 태도와 명상을 둘러싼 철학들은 그러한 효과를 불러올 수 있습니다. 명상은 평안을 가져다주고, 일상에 휴식과 명쾌함을 선사합니다. 다른 이들의 눈에는 여러분이 달라진 것처럼 보일 수도 있지만, 사실 명상을 통해 여러 기술을 익히다 보면 일상에서 보다 현명하고 효과적으로 행동하는 능력도 기를 수 있습니다.

Q. 향을 태우거나, 주문을 외우거나, 특별한 옷을 입어야 하나요?

아닙니다. 의례를 갖추는 게 마음을 가다듬고 집중하는 데 도움이 된다는 사람들도 있지만(164~165쪽 참고), 명상 과정 자체에 의례가 꼭 필요한 것은 아닙니다.

Q. 명상을 하려면 꼭 특별한 자세로 앉아야 하나요?

앉은 자세는 마음 상태에 큰 영향을 미칠 수 있어 대부분의 명상 기법은 특정 자세로 앉기를 권합니다. 다양한 자세들 중 필요에 맞는 자세를 선택해보세요(66~69쪽 참고).

Q. 명상할 때 눈을 감아야 하나요?

언제나 그렇지는 않습니다. 눈을 감으면 내면에 초점을 맞추는 데 도움이 되지만, 좌선(84~85쪽 참고)이나 트라타카(102~103쪽 참고)처럼 보다 기민하게 현재에 집중할 수 있도록 눈을 뜨고 하는 명상 기법도 있습니다.

Q. 명상 기법은 어떻게 선택해야 하나요?

어느 한 기법이 좋다고 할 순 없습니다. 다양한 방법이 각기 다른 사람들에게 효과를 보이기 때문입니다. 그러니 다양한 기법을 실험해보고, 자신에게 가장 잘 맞는 방법을 찾아보세요. 명상의 목적(80~81쪽 참고)에 따라서도 선택이 달라질 수 있으므로 명상을 통해 무엇을 얻고자 하는지 분명히 해두는 게 좋습니다. 살다 보면 필요와 목적이 달라질 수 있습니다. 그때마다 다른 명상법의 도움을 받을 수 있다는 점을 명심하세요.

Q. 얼마나 오랫동안 명상해야 하나요?
명상을 통해 얻고자 하는 바와 명상에 대한 흥미에
따라 달라지겠지만, 일반적으로는 짧게 시작하는
편이 좋습니다. 연습해야 한다는 생각에 매몰되지
말고, 필요하다고 느껴질 때마다 시간을 늘려
보세요(58~61쪽 참고).

Q. 얼마나 자주 명상을 해야 하나요?
최대의 효과를 얻으려면 매일 같은 시간, 같은
장소에서 명상하는 게 가장 좋습니다(58~61쪽 참고).
또한 일상 속에 명상과 명상적 활동을 끼워 넣는 것도
좋습니다(140~141쪽 참고).

Q. 명상 지도자의 도움을 받아야 할까요?
명상을 시작하는 데 꼭 지도자가 필요한 건 아닙니다.
건강과 행복을 위해 명상하려는 사람이라면 더욱
그렇죠. 그러나 명상을 하다 보면 점차 더 많은
가르침이 필요하다고 느껴질 수 있습니다. 명상
지도자는 기법의 활용도를 높이고 장애물을
물리치는 데(166~167쪽 참고), 그리고 명상을 온전히
삶의 일부로 만드는 데 도움을 줄 것입니다(140~141쪽
참고).

"명상을 위한
최고의 마음가짐은
따지지 않는 호기심과 인내,
그리고 끈기입니다."

질문하는 마음가짐

열린 마음, 질문하는 마음가짐은 명상의 중요한
부분입니다. 예를 들면,

알아차림. 명상은 스스로에게 자신의 몸이 어떻게
느껴지는지, 마음 상태가 어떤지 묻는 행위이며,
일상의 습관적 생각과 행동에 질문을 던지는
행위입니다. 질문을 통해 명상의 핵심 기술인
알아차림을 기를 수 있습니다.

보다 큰 질문. 명상을 하다 보면 "나는 누구인가?",
"삶의 의미란 무엇인가?"와 같은 어려운 질문도 물을
수 있게 됩니다.

더 깊이 탐구하기. 명상에 대해 더 많이 탐구하고
명상 지도자에게 질문하는 등 명상에 대한 호기심을
키움으로써 명상과 더욱 깊이 연결될 수 있습니다.

명상 전통

명상의 세계사

명상은 수 세기 동안 다수의 사상과 전통을 통해 발전했으며, 명상가들의 다양한 필요에 맞추어 변화를 거듭했습니다. 아래의 연표는 주요 전통에 따라 명상이 발전한 시기를 나타냅니다.

요가
기원전 1500년 경

고대 힌두교 경전 『베다』에는 요가 전통과 관련된 가장 오래된 문헌 증거가 등장합니다. 요가 전통은 수백 개의 분파와 함께 오늘날까지 이어지며 번성하고 있습니다. 그중에는 자세(아사나)와 호흡법을 강조하는 근대적 요가운동(하타요가)이 포함됩니다.

도교
기원전 600~500년

중국의 노자가 창시한 도교는 무위자연과 자연과의 조화(도)를 구하며, 기를 기르고 음양의 균형을 찾으며 영생을 누리려는 사상입니다. 도교는 다수의 명상법을 발달시켰으며, 그중 하나인 태극권은 오늘날까지 단순화된 형태로 많은 사랑을 받고 있습니다. 아직 바깥까지 알려지지 않은 보다 심오한 기법들도 있습니다.

| 기원전 5000년 | 기원전 3000년 | 기원전 1500년 | 기원전 600년 |

요가
기원전 5000~3500년 경

남아시아 인더스 계곡의 벽화에는 눈을 반쯤 감고 앉아 명상하는 사람들이 등장합니다. 이는 명상에 대한 가장 오래된 증거 중 하나로 동굴에서 명상하던 요가 수행자, 베다문화의 현자들을 비롯한 힌두교 전통과 연관이 있습니다.

자이나교와 유교
기원전 600~400년

인도의 마하비라가 비폭력과 금욕을 중시하는 자이나교를 창시했고, 중국의 공자가 사회 중심 사상인 유교를 창시했습니다. 둘 모두 프레크샤 디야나(영혼 통찰)와 정좌와 같은 명상법을 발달시켰습니다. 두 가지 모두 현존하지만 불교나 요가만큼 널리 퍼져있지는 않습니다.

불교
기원전 600~500년

부처라고도 알려진 고타마
싯다르타는 깨달음을 얻기 위해
안락한 삶을 버리고 수행했으며
요가 수행자들에게서 명상을
배운 것으로 알려져 있습니다.
훗날 그는 요가 전통에서 벗어나
고통을 극복하고 깨달음을 향해
나아가는 방법을 창시했는데,
이것이 불교입니다. 위빠사나,
사마타, 그리고 자애 명상을
포함한 불교식 명상은 오늘날
서양에서 가장 널리 사용되는
명상법이기도 합니다.

고대 그리스 철학
기원전 20~기원후 300년

알렉산드리아의 철학자 필로와
플로티누스가 집중 등의 명상 기법을
개발하였으나 초기 기독교인들은 이를
받아들이지 않았습니다. 유럽에서
기독교가 부상하면서 서양에서의
동양사상과 묵상 전통의 영향이 막을
내렸습니다.

명상 전통

기원전 500년　　　**기원전 400년**　　　**기원전 200년**　　　**기원전 20년**

불교
기원전 500~200년

불교가 아시아 전역으로 확산되며
다양한 분파를 형성했습니다.

고대 그리스 철학
기원전 327~325년

알렉산드로스 대제의 인도 침공을 계기로 인도의
현자 및 요가 수행자와 고대 그리스의 철학자가
만났다고 알려져 있습니다. 고대 그리스인은 배꼽
명상(omphaloskepsis)을 포함한 다수의 명상법을
창시했습니다.

계속 ▶

선불교
527년경

불교 수도승 보리 달마가 명상을
가르치기 위하여 인도에서 중국으로
여행하며 선불교를 창시한 것으로
알려져 있습니다. 이후 선불교는 한국,
베트남, 일본으로 전파되었으며,
이로써 각지의 다양한 좌선 명상법이
탄생했습니다. 좌선은 오늘날에도
널리 사용됩니다.

기독교 신비주의
500~600년

베네딕트회 수도사들이
널리 행하는 명상법인
렉시오 디비나(거룩한 독서)가
성 베네딕트의 규칙서에
등장했습니다.

기독교 신비주의
900~1300년

예수 기도가 고대 그리스의 헤시카즘
기독교 전통에서 탄생했습니다.
헤시카즘 기독교 교도들은 수피교 혹은
인도의 영향을 받은 것으로 추정됩니다.

18

300년　　　**500년**　　　**600년**　　　**900년**　　　**1200년**

기독교 신비주의
300년 경

기독교 신비주의자들은 그들만의
명상법을 창시했는데, 주로
종교적 단어나 구절을 반복해서
암송하거나 신에 대한 묵상을
바탕으로 합니다.

수피교
600년대 경

이슬람의 신비주의 분파인 수피교는 이슬람
초창기부터 시작되었다고 알려져 있습니다.
수피교도들은 인도 사색 전통의 영향을 받아
호흡, 만트라, 응시 등을 이용한 명상법을
창시했습니다. 수피교 의식의 핵심은
신(알라)과의 맞닿음입니다. 수피교의 독특한
역동적 명상법인 회전 명상춤(세마)은 오늘날
터키에서도 볼 수 있습니다.

서양 세속주의
1893년

힌두교 지도자 스와미 비베카난다가 시카고에서
열린 세계종교회의에 참석하여 요가와 명상에
대한 서양인들의 관심을 증폭시켰습니다.

서양 세속주의
1900년대

인도 출신의 파라마한사 요가난다와
마하리시 마헤시 요기, 스와미 라마와
몇몇 불교 종파의 대표자들을 포함한 영적
지도자들이 미국으로 이주했습니다. 보다
간결하고, 종교적 맥락을 제거한 서양식
명상 교육이 시작되었습니다.

시크교
1400년대

인도의 구루
나낙이 시크교를
창시했습니다. 키르탄
같은 시크교 명상은
신의 존재를 느끼는
것을 목표로 합니다.
이 전통은 오늘날
시크교 공동체에
그대로 전해지고
있습니다.

서양 세속주의
1700~1800년대

『우파니샤드』와 『바가바드기타』를
포함한 다수의 동양 철학서가 유럽
언어로 번역되었습니다. 서양
학계에서는 불교 연구가 화두로
떠올랐습니다.

서양 세속주의
1930~1980년대

명상에 대한 과학적 연구가 시작되면서
본래의 영적 기원에서 거리가
멀어졌습니다. 명상 연구의 수가
늘어날수록 그 깊이가 더해졌습니다.

1300년   1400년   1700년   1800년   1900년   1930년   1980년

19

용어

유대교 카발라
1200년대

구전되던 유대교 신비주의인 카발라 전통이
경전 『조하르』에 집대성되었습니다. 몇몇
카발라 사색가들이 명상 기법을 창시했는데,
대체로 철학적 원칙과 신의 이름들, 그리고
생명의 나무에 대한 깊은 사색에 바탕을 두는
방법입니다.

오늘날

명상이 세속적인 주류 문화로 널리
알려졌습니다. 명상이 계속 인기를 누리는
이유는 몸과 마음, 그리고 행복에 도움을
준다는 점이 증명되었기 때문입니다.

베단타

진정한 자아에 대하여 사색하고 집착을 버리는 추상 명상.

네티 네티. 모든 동일시와 집착을 버리고 순수한 의식 유지하기(116~117쪽).

자기 탐구. "나는 누구인가?"라는 질문을 통해 모든 관념 너머의 진정한 자아 찾기(124~125쪽).

목도하기. '내가' 느끼는 순수한 감각, 그리고 자신이 모든 생각과 감각의 의식적 관찰자라는 사실에 집중하기.

도교

몸, 호흡, 시각화를 이용하여 스스로를 비워내고 도(道)와의 조화를 추구하는 명상.

태극권. 느린 명상 운동(96~97쪽).

내관. 몸 내부를 시각화하는 명상(98~99쪽).

좌망(비움 명상). 모든 생각을 떠나보내고 '모든 것을 잊는' 명상. 족첸과 유사(126~127쪽).

기공. 느린 신체 동작과 함께 하는 호흡 운동.

수피교

이슬람 신비주의에서 비롯된 영적 명상법으로 신과의 영적 교감이 주된 목표.

심장 박동 명상. 심장에 집중한 채 심장 박동 소리를 듣거나, 만트라를 되뇌며 신에 대해 생각하기(136~137쪽).

지크르. 신(알라)의 신성한 이름을 되뇌며 신에 대해 사색하기. 만트라 명상과 같으며, 무라카바라고도 불린다.

사랑의 연(緣) 명상. 영적 지도자에게 집중하는 방법.

수피 회전 명상 춤. 음악과 몸동작을 통해 무아지경에 이르러 신과 하나되는 방법.

조금 더 들여다보기

명상의 종류

명상은 수천 년 전부터 수많은 문화와 전통에 걸쳐 계속되어왔으며(16~19쪽 참고), 그 과정에서 다양한 기법이 발달했습니다. 여기서는 오늘날에도 널리 사용되는 주류 전통의 대표적인 명상 기법들을 소개하겠습니다. 시각화, 제3의 눈, 추상 명상, 의식 확장하기, 요가 아사나 등은 다수의 전통에서 등장하거나 일부 요소만을 포함하는 기법들이므로 여기에서는 제외했습니다.

불교와 선불교

집중, 관찰, 그리고 순수한 알아차림을 이용하여 다양한 방법으로 명상.

마음챙김과 위빠사나. 그 어떤 것에 집중하지도, 집착하지도 않고 지금 이 순간을 있는 그대로 경험하는 방법(각각 82~83·86~87쪽).

좌선. 호흡 또는 앉아있음에 집중하는 방법(84~85쪽).

경행(선불교의 걷기 명상). 호흡 또는 발의 감각에 집중하며 천천히 걷는 방법(90~91쪽).

이름 붙이기. 떠오르는 모든 생각, 느낌, 지각에 이름을 붙이는 방법(112~113쪽).

자애. 자신과 타인을 향한 사랑의 감정에 불을 지피고 키우는 방법(134~135쪽).

사마타. 호흡수를 세거나 호흡의 감각을 통해 호흡에 집중하는 방법.

선문답. 수수께끼를 이용하여 관념을 무너뜨리는 방법.

족첸. 주의도, 집중도, 관찰도 하지 않는, '아무것도' 하지 않는 명상법.

요가

집중을 바탕으로 시각, 청각, 정신, 마음, 기 등을 이용하는 다양한 명상법.

프라나야마. 호흡을 조절하여 몸과 마음의 상태를 바꾸는 기법. 허밍 비 프라나야마 등(88~89쪽 참고).

요가 니드라. 누워서 하는 명상으로 모든 근육의 이완, 시각화, 잠재의식에 다짐 또는 확언 새기기 등을 포함(92~93쪽).

쿤달리니. 몸 중심의 기(차크라)에 정신을 집중하는 방법. 시각화와 만트라 외기 등이 이용될 수 있음(100~101쪽).

트라타카. 눈을 뜬 채 촛불, 벽에 그려진 점, 혹은 특정 그림 등을 응시하는 방법(102~103쪽).

만다라 명상. 기하학적 그림에 집중하는 방법(106~107쪽).

만트라 명상. 단어 혹은 구절을 마음속으로 혹은 소리 내어 외우는 방법(110~111쪽).

내면의 침묵(안타르 모우나). 정신과 감각을 관찰하고, 의지로 생각을 만들거나 없앤 뒤 어느 생각도 닿지 않는 내면의 침묵에 이르는 방법(114~115쪽).

탄트라 명상. 머리 없는 나 포함. 시각화, 상상, 만트라, 종교적 상징 등을 이용하여 정신을 맑게 하고 의식을 확장시키는 방법(120~121·128~133쪽).

"당신이 살아가는 지금 이 순간 당신에게 잘 맞는 방법이 가장 좋은 방법입니다."

조금 더 들여다보기

힘 갈고닦기

마음을 위한 명상

명상은 집중, 알아차림, 의지 등 정신적 능력을 갈고닦는 일입니다. 명상의 심리적 효과는 오래전부터 알려져 있었지만 최근의 연구들은 그 원리까지 밝혀주었습니다.

예를 들어 여러분이 최대한 오랫동안 호흡에 집중하기로 결심했다고 해봅시다. 이는 주의와 의지로 하는 일입니다. 몇 초 지나지 않아 여러분의 주의는 분산되고 점심엔 뭘 먹을지 생각하게 됩니다. 이를 알아채는 것은 자기 인식(self-awareness)과 마음챙김으로 하는 일입니다.

이제 여러분은 그 생각에 더 이상 주의를 두지 않고 다시 호흡에 집중합니다. 이는 마음의 유연성(놓아주기), 자기 절제, 집중, 의지로 하는 일입니다. 마음을 보다 자유롭게 만들고, 고민을 피하고, 마음을 의식적인 통제 아래 두는 훈련이기도 합니다.

시간을 들여 꾸준히 연습한다면 이 힘들을 보다 날카롭게 갈고닦을 수 있습니다. 기술과 산만함의 시대에 이 힘들은 초능력이나 다름없습니다.

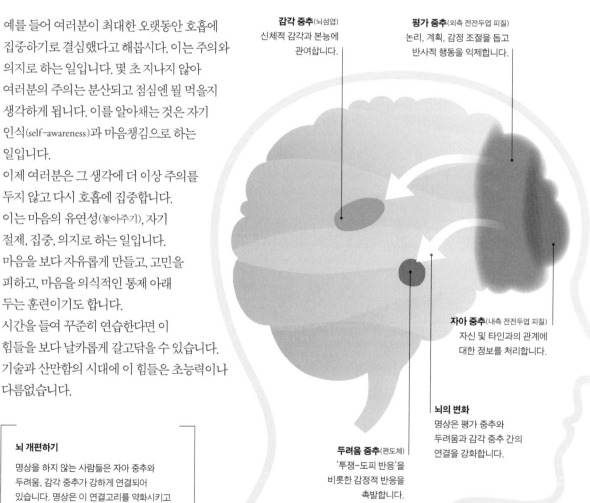

감각 중추(뇌섬엽)
신체적 감각과 본능에 관여합니다.

평가 중추(외측 전전두엽 피질)
논리, 계획, 감정 조절을 돕고 반사적 행동을 억제합니다.

자아 중추(내측 전전두엽 피질)
자신 및 타인과의 관계에 대한 정보를 처리합니다.

뇌의 변화
명상은 평가 중추와 두려움과 감각 중추 간의 연결을 강화합니다.

두려움 중추(편도체)
'투쟁-도피 반응'을 비롯한 감정적 반응을 촉발합니다.

뇌 개편하기

명상을 하지 않는 사람들은 자아 중추와 두려움, 감각 중추가 강하게 연결되어 있습니다. 명상은 이 연결고리를 약화시키고 평가 중추와의 연결을 강화합니다. 그 결과 불안이 완화되고 위협에 보다 침착하게 대처할 수 있게 됩니다.

뇌에 미치는 영향

명상은 뇌에 다음과 같은 영향을 미친다는 점이 연구를 통해 밝혀져 있습니다.
명상을 하면 할수록 뇌 또한 더욱 변화하므로 규칙적인 실천이 중요합니다.
규칙적인 명상은 그 효과를 극대화시키고 뇌가 예전과 같은 방식으로 회귀하는 일을 막아줍니다.

집중력 강화

2010년 미국의 한 연구에서는 4일 이상 연속으로 하루 20분간 명상을 하면 집중력 유지 능력, 스트레스 가운데 업무 수행 능력 등 인지 능력이 향상된다고 밝혔습니다. 또한 공간 시각 처리 능력과 작업 기억력, 실행 기능 개선에도 도움이 됩니다.

창의력 향상

2012년 레이든대학의 연구에서는 실험 참가자에게 흔한 생활용품의 또 다른 활용 방안을 물어 참가자의 창의력 및 '틀에서 벗어나 생각하는' 능력을 평가했습니다. 그 결과 마음챙김과 위빠사나를 포함한 관조 명상을 한 참가자가 더 나은 기량을 보였습니다.

학습 능력 및 기억력 향상

8주간의 마음챙김 훈련 프로그램을 수료한 참가자의 뇌에서 학습 및 기억 처리를 담당하는 영역의 회백질 밀도가 증가했다는 점이 2011년 하버드대학의 연구를 통해 밝혀졌습니다. 주관과 관계된 영역에서도 밀도가 증가했습니다.

무의식 알아차림 능력 향상

마음챙김 명상을 하는 사람들은 명상을 하지 않는 사람보다 자신의 의도를 보다 잘 자각하고 있다는 점이 2016년 영국 서식스대학 연구를 통해 드러났습니다. 명상가들은 또한 최면에도 쉽게 걸리지 않는다는 점이 밝혀졌습니다.

필요 수면 시간 감소

2010년 켄터키대학 연구팀은 나이, 성별이 동일한 장기 명상가 및 비 명상가의 일반적 수면 시간을 비교한 결과 숙련된 명상가의 필요 수면 시간이 수 시간 적다는 점을 밝혔습니다.

처리 속도 향상

2012년 UCLA대학 신경촬영실험실 과학자들은 장기 명상가들이 비명상가에 비하여 뇌 피질의 '자이리피케이션', 즉 뇌가 보다 빠르게 정보를 처리하고 의사를 결정하는 데 도움이 된다고 알려진 현상이 더 활발하게 일어난다는 점을 발견했습니다.

함 감고뜨기

정서 건강의 열쇠

정서를 위한 명상

명상은 건강과 정신에 여러 도움을 주는 한편 알아차리는 능력과 놓아주는 능력, 주의력을 향상시켜 감정적·심리적 건강을 도모하고 보다 행복하며 균형 잡힌 생활의 기반을 다져줍니다.

예를 들어 하루를 시작하려고 하는데 갑자기 누군가 앞길을 막아 화가 치솟는다고 해봅시다. 화라는 감정은 여러분의 신체와 정신에 스트레스를 줍니다. 어떻게 보면 고통을 자처하는 셈입니다. 명상을 할 줄 모른다면 화는 오래도록 남아있을 수 있습니다. 그러나 명상을 통해 주의 집중, 알아차림, 놓아주기 등의 기술을 배웠다면 화가 난 부정적인 상태에서 훨씬 빠르게 벗어날 수 있습니다. 감정이 일었다 하더라도 온 정신을 빼앗기지 않을 수 있습니다. 자애 명상(134~135쪽 참고)

등의 몇몇 기법은 긍정적인 감정을 기르는 방법을 알려줍니다. 이로써 부정적인 감정에 시간과 에너지를 낭비하지 않고 긍정적인 감정에 보다 집중할 수 있게 됩니다.

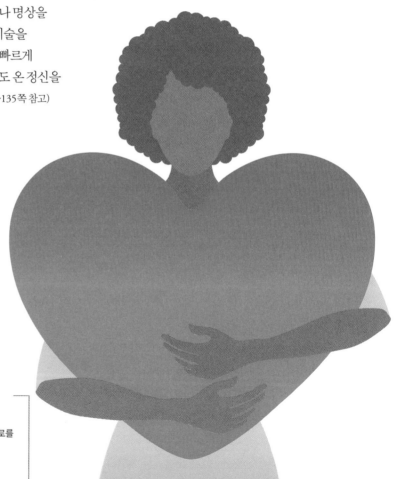

"부정적인 감정이 더 깊어지거나 그로 인해 힘들어지지 않습니다."

스스로를 사랑하기

명상은 결과적으로 스스로를 돌보는 행위입니다.

정서 건강에 미치는 영향

명상이 정서 건강에 다음과 같은 영향을 미친다는 점이 연구를 통해 밝혀져 있습니다.
이 분야의 연구 중 다수가 자애 명상 기법에 초점을 맞추지만, 우울 및 불안 감소 등의 효과는
다양한 명상 기법이 공통적으로 가지는 효과입니다.

우울 감소

2014년 한 국제적 연구를 통해
마음챙김 명상을 한 청소년 집단의
불안 증세가 통제 집단에 비해
줄었다는 점이 드러났습니다.
명상 훈련 6개월 차에도 이 효과가
지속되었던 점을 미루어보면
마음챙김이 우울 등의 증상 예방에
도움이 되는 것으로 보입니다.

불안 및 기분장애 조절

2006년 20회의 무작위 대조 시험을
통해 명상 수행이 기분장애 및
불안장애에 긍정적 효과가 있다는
점이 밝혀졌으며, 2012년 발표된
미국의 메타 분석에서는 명상 기법이
불안 증세를 줄여준다는 점이
드러났습니다.

정서 지능과 회복력 향상

심리치료사 론 알렉산더 박사의
말에 따르면 명상을 통한 주의
통제는 회복력과 정서 지능 향상에
도움이 된다고 합니다. 2008년 한
연구에서는 자애 명상이 변화와
역경에 대처하는 회복력을
길러준다고 밝혔습니다.

공감 능력 향상

2013년 미국의 한 연구에 따르면
자애 명상 등 연민을 바탕으로 하는
명상은 다른 사람들의 표정을 읽는
능력을 향상시켜준다고 합니다. 또한
명상가들의 뇌에서 공감과 관련된
부위의 신경 활동이 보다 활발하게
일어난다는 점을 발견했습니다.

자기 인식과
자기 통제 능력 증진

8주간의 마음챙김 명상을 한 사람의
뇌에서 감정 조절, 자기-참조 처리,
주관과 관계된 부위의 회백질 밀도가
증가했다는 점이 2011년 미국의 한
연구에 의해 밝혀졌습니다.

긍정적 감정과
관계성 조성

자애 명상이 연구 참가자들의
긍정적 감정을 고양시키고 삶의
목적의식과 사회적 지지 등 개인적
자원을 북돋워준다는 점이 2008년
미국의 한 연구에서 밝혀졌습니다.
2012년 미국의 또 다른 연구에서는
마음챙김이 노년층의 고독감을
줄여준다는 점도 드러났습니다.

몸이 원하는 수행

명상과 스트레스

스트레스는 삶에 있어 정상적이고 필요한 요소이지만 그것이 과도하면 우리의 몸에 끔찍한 영향을 미칠 수 있습니다. 명상은 스트레스에 신체적으로 또 감정적으로 대처하는 방법들을 알려주기 때문에 보다 건강한 삶을 사는 데 도움이 됩니다.

스트레스는 무언가를 견디기 힘들 때 느껴지는 감정으로서 소화 불량, 수면 장애를 유발시키고, 과음이나 잘못된 식습관을 갖게 하는 등 나쁜 생활 습관을 부추기며 수많은 건강 문제를 일으킵니다. 실제 사람들이 병원을 찾는 이유 중 대부분이 스트레스와 관계있는 것으로 추정됩니다. 명상을 통해 집중, 알아차림, 휴식의 기술을 배우는 한편 무엇에 집중할 것인지 선택하는 능력과 감정 조절 능력을

기름으로써(144쪽) 일상의 스트레스에 대처하는 방법을 알아가고 보다 건강한 정신과 신체를 향한 길을 닦을 수 있습니다. 또한 명상은 투쟁-도피 반응의 일환으로 분비되는 스트레스 호르몬인 코르티솔 수치를 감소시킵니다. 만약 신체 이완 반응이 효과를 발휘하기 전에 또 다른 스트레스 원과 마주친다면 코르티솔 수치는 높게 유지될 것이며 신체에 부정적 영향을 가하는 만성 스트레스 상태에 빠질 수 있습니다. 명상은 이 악순환을 깰 수 있습니다(아래 참고).

만성 스트레스는 코르티솔 수치를 높입니다.

높은 수치의 코르티솔은 해마의 기능을 저해하여 집중력, 지각 능력, 기억력, 학습 능력을 떨어뜨립니다.

스트레스 고리

낮은 수행 능력은 더 많은 스트레스를 유발하므로 잠을 설치거나 감정적 부담을 느낄 수 있는데, 이 또한 코르티솔 수치를 높입니다.

명상

모든 종류의 명상은 몸과 마음이 깊이 쉴 수 있는 상태를 만드는 데 도움을 주며, 이를 통해 코르티솔 수치를 낮추고 해마의 기능을 정상화할 수 있습니다.

스트레스 고리 끊기

규칙적인 명상은 만성 스트레스 고리를 끊고 최상의 컨디션으로 활동할 수 있도록 도와줍니다.

스트레스 해소하기

명상은 일상 가운데 스트레스에 대처하는 기술을 알려줄 뿐만 아니라 스트레스로 인한
신체적·정신적 증상 다수를 줄여준다는 점이 과학적으로 증명되었습니다.

스트레스 반응도 감소

스트레스에 대한 반응도를
감소시키는 데 마음챙김 명상이 특히
효과가 있다는 점을 2015년 명상에
관한 영국의 한 메타 분석 연구에서
밝혔습니다. 마음챙김 명상을 한다면
보다 차분하게 스트레스를 감당할 수
있습니다.

노화 억제

DNA가 풀리지 않도록 잡아주는
'보호 마개'인 텔로미어의 길이가
짧아지면 세포가 노화한다고 알려져
있습니다. 2009년 미국의 한 연구에
따르면 마음챙김을 비롯한 몇몇
명상법은 스트레스 각성을 완화하여
텔로미어 길이에 긍정적인 영향을
미칩니다.

면역력 강화

스트레스는 면역 체계를 약화시킬
수 있지만, 명상은 이를 막아줄
수 있습니다. 2003년 미국의 한
연구에서 명상가와 비명상가의
면역 반응을 비교한 결과 명상가의
면역력이 더 높다는 점이
밝혀졌습니다.

정신적 스트레스 증상 완화

2014년 미국의 한 메타 분석
연구에서 마음챙김 명상 프로그램이
불안이나 고통 등 스트레스 요소를
줄여준다는 점이 밝혀졌습니다.
2014년 미국의 또 다른 메타 분석
연구에서는 참가자의 불안 수준이
높을수록 명상의 효과도 컸다는 점이
밝혀졌습니다.

혈압 감소

고혈압은 스트레스의 수많은 부정적
효과 중 하나입니다. 2012년 미국의
한 연구팀은 1998년부터 2007년까지
연구를 시행한 결과 명상가들의
혈압이 감소했음을 발견했습니다.
심장 마비 등 심혈관 질환의 위험
또한 낮아졌습니다.

차분함 증진

명상을 일상의 일부로 삼는다면
보다 침착해질 수 있습니다.
2012년 발표된 독일의 한 연구에서
스트레스 수준이 높은 18~65세
사이의 참가자들을 대상으로 4주간
마음챙김 기반 산책 프로그램을
진행한 결과 대다수 참가자들이 매우
차분해졌다고 보고했습니다.

몸이 원하는 수행

실용적 영성

영혼을 위한 명상

영성은 명상의 본래 목적이었으며, 다음과 같이 매우 긍정적인 효과를 동반할 수 있습니다. 이는 건강에 관한 효과를 얻는 것보다 오랜 시간이 걸리지만, 내면의 보다 깊은 요구를 충족시킬 수 있습니다.

"평화는 실존적 행복의 토대입니다."

정신과 마음의 정화

명상은 무의식적 정신에 빛을 비춤으로써 내면의 어둠으로부터 여러분을 해방시켜줄 수 있습니다.

명상은 두려움과 그림자, 그리고 우리 자신과 마주하도록 만듭니다. 명상은 묻어둔 기억, 부정적 감정 패턴, 그리고 표현하지 못한 감정 등 속에 담아두었던 모든 것에 빛을 밝혀줍니다. 명상을 하면 정신을 차분하게 가다듬고 자기 판단이나 해석을 자제하면서 이와 같은 마음의 요소들을 기꺼이 살펴볼 수 있습니다. 이 생각들과 감정들은 명상을 하는 동안 조금씩 사라지거나, 혹은 우리의 의식과 성격의 일부가 됩니다.

지혜, 통찰, 그리고 깨달음

명상은 접근 방식에 따라 인생의 진리를 찾는 일이 될 수도 있습니다.

전통적으로 명상은 착각을 걷어내고 현실의 진정한 본질을 밝히거나(불교 및 도교식 명상) 불멸의 자아라는 정체성을 찾는 방법으로 여겨집니다(요가 및 베단타의 명상). 결국 '자아'를 보다 깊이 들여다보고 인생의 참된 지혜를 구하는 것입니다. 여기에 자기 인식 수양이 더해진다면 종래에는 영적 각성이나 깨달음, 고통의 초월로 이어질 수 있습니다.

'근원'과의 만남

몇몇 이들에게 명상은 자신이 믿는 고차원적 힘이나 현실과 만나는 순간입니다.

명상은 삶에서 쉬어가는 순간이자 외부 세계와 단절되는 순간입니다. 몇몇 이들에게 이는 고차원적 현실이나 힘과 만나는 순간입니다. 명상은 다른 이들 혹은 세상과 하나되는 감각을 경험하는 데 도움이 되며, 고립된 개인이라는 고통을 달래고 자아의 경계를 넘어설 수 있게 해줍니다. 기도와 찬송, 사색, 이타적 봉사 등 다른 형태의 영적 연결 또한 명상을 통해 한층 깊어질 수 있습니다.

고대의 상징

다수의 문화권에서 신성시했던
연꽃은 순결과 깨달음을
상징합니다.

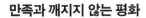

만족과 깨지지 않는 평화

명상이 효과를 발휘한다면 언제든 모든
것들이 괜찮아지리라고 여기게 될
것입니다.

명상을 한다면 일이 얼마나 잘못되든 늘
명상을 통해 내면의 평온한 안식처에 들
수 있다는 사실을 체득할 수 있습니다.
이는 곧 특별한 이유 없이도 자신과 자기
삶에 만족하며 행복할 수 있는 토대가
됩니다. 이유 있는 행복은 그 이유가
사라질 수 있어 불안정하지만, 이유 없는
행복과 만족이 자기 존재의 일부라면 그
누구도 이를 앗아갈 수 없습니다.

목적의식과 의미

영적 맥락에서 행하는 명상은 보다
거대한 계획, 거대한 여정의 일부입니다.

잠재력을 일깨우기 위함이든, 신과
연결되거나 깨달음을 얻기 위함이든,
명상은 결과적으로 목적의식과
존재의 의미를 키워줍니다. 고차원의
힘과 함께하며 영적으로 성장하고자
애쓴다면 삶에 있어 더는 길 잃은 기분을
느끼지 않을 것입니다. 반대로 애쓰지
않으면 '무엇을 위해 사는지' 결코 알
수 없으며, 얼마나 성공하든 물질적
생활만으로 내면의 공허를 채울 수 없을
것입니다.

직관력 발달

명상은 생각을 잠시 멈추고 보다 강력한
소리에 귀 기울일 수 있도록 도와줍니다.

명확한 수단 없이도 무언가를
직관적으로 알아차리는 경험을 해본
적 있을 겁니다. 찰나의 통찰이든
직감이든, 직관은 우리가 위험을 피하는
데, 타인의 진짜 속내를 알아차리는
데, 삶 속 까다로운 결정을 내리는 데
일조합니다. 명상은 분석적 사고를
잠시 멈춰주므로 직관력 발달에 도움이
됩니다. 모든 기법이 도움되지만
특히 트라타카(102~103쪽 참고)가
효과적이라고 알려져 있습니다.

고요한 마음

마음의 소리 줄이기

우리는 하루 평균 5만여 가지의 생각을 합니다. 그중 대부분은 이미 했던 생각의 반복입니다. 이러한 마음의 재잘거림을 잠재우는 첫걸음이 '알아차림'입니다.

예를 들어 아침에 일어나 화장실로 가서 거울을 본다고 생각해보세요. 아마 여러분은 자신의 의지와는 상관없이 속으로 아무 말이나 끝없이 중얼거리고 있을 것입니다. 그렇지 않나요? 이것이 바로 마음의 기본 작동 모드입니다.

마음챙김 사고방식

마음은 생각하는 게 일입니다. 그걸 바꾸기는 어렵지만, 명상을 한다면 마음의 소란을 잠재울 수 있습니다. 머릿속 중얼거림에 정신을 빼앗기는 대신 세수를 하며 살결에 닿는 물의 상쾌한 감각을 알아차리고, 치아 하나하나에 집중하며 이를 닦고, 보다 차분하고 맑은 정신으로 하루를 시작한다고 상상해보세요. 생각과 독백이 떠오르기 시작하면 그저 살펴본 뒤 떠나보내거나, 보다 분명하게 알아차리고 의도적으로 조종할 수 있습니다. 이것이 바로 마음챙김입니다.

30

"지겨워 죽겠어"

"그 사람과 만나기로 했는데"

"더 자고 싶어"

"나 왜 이렇게 못생겼지"

"좋은 하루가 될 것 같아"

"이러다 늦겠어"

놓아주기

알아차림을 기른다면 긍정적인 생각에 집중하고 부정적인 생각은 흘려보내며 지금 이 순간에 더 집중할 수 있습니다.

"아마 사지
못할 텐데"

"휴일이 필요해"

"오늘 저녁이
기다려져"

"주말까지 얼마
안 남았어"

"시간 낭비야"

알아차리기

마음속 소란을 잠재우는 첫걸음은 생각을
살펴보는 습관을 기르는 것입니다. 이는 명상을
통해 자신의 마음과 감정을 살펴봄으로써
기를 수 있습니다. 알아차림을 통해서라면
부정적이고 쓸모없는 생각들을 긍정적인
생각과 구별하고 떠나보낼 수 있습니다.
산만함을 그만두고 명상하는 것과 마찬가지죠.
생각들이 머릿속을 더 들쑤시지 않는다면
마음의 고요가 찾아올 것입니다. 이 고요는
어디에 주의를 집중할지 선택할 여유를
선사합니다. 지금 하고 있는 일도 좋고, 주목할
가치가 있는 생각(예를 들어 목표 달성을 위해 지금 해야
할 일)도 좋을 것입니다.

"알아차림은 마음의
고요와 평화를 찾는
열쇠입니다."

선택은 당신의 몫

흐름의 주도권 잡기

여러분의 생각은 늘 옳은가요? 정말 여러분의 생각이긴 한가요? 우리는 생각을 곧이곧대로 믿어버리는 경향이 있지만, 생각에 모든 것을 맡겨버린다면 생각의 희생양이 될 수도 있습니다. 명상은 생각 또한 주의 집중의 문제라는 사실을 가르쳐줍니다.

'사랑받을 자격이 없어.', '평생 아무것도 이루지 못할 거야.' 같은 생각이 떠오를 때면 우리는 그 생각을 그대로 믿거나, 느끼거나, 생각에 따라 행동하기 쉽습니다. 하지만 우리의 생각 중 대다수는 사실이 아니거나 별다른 도움이 되지 않습니다. 기억, 과거의 조건부, 두려움, 그리고 타인에게 받은 메시지가 만들어낸 결과물이죠. 그러나 생각이 늘 옳지 않다는 걸 안다 해도 생각을 쉽게 바꾸거나 건드릴 수는 없습니다. 대신 마음 속 생각의 흐름을 SNS 피드라고 생각해 보세요. 살아가는 동안 자신도 모르게 많은 것들을 '구독'해둔 겁니다. 게시물들이 피드를 가득 채우지만 누가 쓴 게시물인지는 모릅니다. 몇몇은 사실이거나 흥미롭지만, 대다수는 우울하고, 쓸모없고, 틀린 말들입니다.

주의 집중의 힘

좋은 생각과 나쁜 생각, 유용한 생각과 쓸모없는 생각 모두 관심을 먹고 자랍니다. 생각을 믿거나, 공감하거나, 감정적으로 반응한다면 생각은 강화됩니다. SNS 글에 좋아요를 누르고, 공유하고, 댓글을 다는 것과 마찬가지입니다. 하지만 아무런 관여도 하지 않고 그저 생각을 관찰한다면 곧 생각은 힘을 잃고 녹아 사라질 것입니다. 명상은 대상을 향해 주의 집중을 유지하는 훈련을 통하여 주의력과 집중력을 길러줍니다. 이제 여러분은 쓸모없고 틀린 생각에 신경 쓰는 대신 주의를 돌려 좋은 생각들을 키우고 그 생각들이 삶에서 좋은 힘을 발휘하도록 만들 수 있습니다(다음 페이지 참고).

"생각은 당신이 아닙니다. 당신이 생각의 관찰자입니다."

마음의 흐름 다스리기

마음의 흐름을 다스리기 위한 첫걸음은 떠오르는 생각들을 믿거나 따를 필요가 없음을 알아차리는 일입니다.
이것만으로도 마음속 피드에 끼어들 수 있습니다. 이후 생각 하나 당 두 가지 질문을 던져 어디에 주의를 집중할지 택합니다.

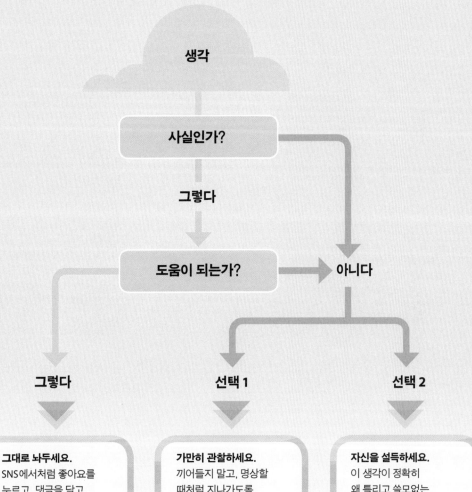

생각

사실인가?

그렇다

도움이 되는가? → **아니다**

그렇다   **선택 1**   **선택 2**

그대로 놔두세요.
SNS에서처럼 좋아요를
누르고, 댓글을 달고,
공유해도 좋습니다.
이 생각을 삶에 마음껏
활용해보세요. 마음 가는
대로 하다보면 생각도
강해질 것입니다.

가만히 관찰하세요.
끼어들지 말고, 명상할
때처럼 지나가도록
놔두세요. 그 생각은
결국 사라질 것입니다.
그럼 다른 것에 집중하는
데 도움이 될 겁니다.

자신을 설득하세요.
이 생각이 정확히
왜 틀리고 쓸모없는
생각인지 내면과의 깊은
대화를 통해 파헤치는
겁니다. 특히 반복적으로
떠오르는 생각에 도움이
될 겁니다.

선택은 당신의 몫

주인 없는 집은 난장판

자기 조절의 힘

자기 인식이 없다면 생각과 감정 앞에 무력해지기 쉽습니다.
명상은 마음과 인생의 주도권을 되찾아올 도구들을 선사합니다.

커다란 저택에 훌륭한 가구들과 풍성한 먹을거리, 놀 거리가 있다고 생각해보세요. 이 저택의 문제점은 단 하나, 주인이 없다는 점입니다. 주인이 없으니 누구나 들어와 원하는 만큼 머무르며 마음대로 난장판을 벌입니다. 소란을 피우고, 가구를 부수고, 다른 손님들을 괴롭히기도 합니다. 하지만 누구도 그들을 막을 수 없습니다. 저택 내 규칙이 있긴 하지만 시행하는 주인이 없다보니 누구도 규칙을 신경 쓰지 않습니다.

통제 불능

난장판이 된 저택은 우리의 마음이고, 방문하는 손님들은 우리의 생각과 느낌, 감정입니다. 저택의 규칙은 우리가 바라는 인생, 우리의 가치관과 포부입니다. 그리고 자리에 없는 주인이 바로 알아차림입니다. 알아차림이 없다면 생각과 느낌, 감정은 마구잡이로 마음속에 들어와 난장판을 만듭니다. 누구도 지켜보지 않으니 피울 수 있는 요란은 다 피우죠. 그 결과 우리 마음은 우리의 가장 큰 적이 되고, 우리는 스스로 되고자 하는 사람과는 멀어진 기분을 느낍니다.

주인 깨우기

모든 명상은 알아차림, 주의 집중, 그리고 자기 조절 연습입니다. 저택의 주인을 깨우는 모닝콜과 같죠. 마음속에서 일어나는 일들을 지켜볼수록 자기 자신에 대해 더 잘 알게 됩니다. 이처럼 존재를 주의 깊게 살피는 자질이 바로 알아차림입니다. 머릿속, 마음속에서 어떤 일들이 일어나는지 들여다보고 파악하는 것이죠. 어느 손님이 머물러도 좋은지, 또 어느 손님을 너무 늦기 전에 내보내야 하는지 구별할 수도 있습니다. 알아차림의 눈으로 모든 것들을 지켜본다면 자신과 자신의 삶을 더 잘 통제할 수 있습니다. 저택의 규칙은 존중받고, 여러분은 다시 한 번 저택이 편안한 쉴 곳임을 알게 됩니다.

당신의 저택 규칙

여러분의 저택 규칙, 즉 가치관은 여러분의 내적 삶이 지향하는 바를 드러냅니다. 무엇을 지향할지 정한다면 어느 손님을 맞이하고 어느 손님을 내보내야 할지 아는 데 도움이 될 겁니다. 이런 가치관은 어떨까요?

긍정적이고 감사하는 마음가짐

부정적 기분 떠나보내기

지금 현재를 살기

두려움 회피하지 않기

중요한 일에 집중하기

> "마음의 주인이 되세요.
> 어디에 주의를 집중할지
> 현명하게 택하세요."

주인 없는 집은 난장판

현재를 산다는 것은 시작점일 뿐

현재와 과거, 미래에서의 알아차림

"지금 이곳에 존재하라"라는 말은 명상과 관련해 매우 자주 등장합니다. 때문에 현재에 대한 알아차림이 명상의 전부라고 생각하는 사람들도 있죠. 그러나 명상을 통해 알아차림을 연마한다면 과거와 미래를 생각하는 데에도 큰 도움이 될 수 있습니다.

지금 이 순간을 산다는 것, 혹은 현재의 순간을 알아차린다는 것(awareness)은 지금 당장 일어나고 있는 일에 주의를 집중한다는 말입니다. 먹고 있는 음식에 집중하며 먹거나, 일할 때 혹은 이야기를 나눌 때, 운동할 때 진심으로 집중해서 한다면 바로 그 순간을 알아차리고 있다고 할 수 있습니다.

이와 같은 알아차림은 명상의 핵심 요소이며, 명상을 하기 위해서는 반드시 '지금 이곳에 존재'해야만 합니다. 그렇지 않다면 명상을 하는 동안 다른 데 마음이 갈지도 모르죠. 지금 이곳에 존재한다면 일상의 활동 중에도 약간의 명상을 할 수 있습니다. 다만 그것만으로는 일상 활동 자체가 명상이 되지 않으며, 앉아서 하는 명상을 완전히 대체하지도 않습니다. 진정한 명상에는 휴식, 멈춤, 내면 들여다보기, 정신 집중 등이 필요합니다(10~11쪽 참고).

마음챙김으로 보는 과거와 미래

과거와 미래에 골몰하는 것이 명상의 가르침에 반한다는 생각도 흔한 오해 중 하나입니다. 사실 지난날을 기억하고 과거에서 교훈을 얻는 능력, 목표를 설정하고 미래를 계획하는 능력, 또 결과를 염두에 두고 행동하는 능력은 모두 우리 일상생활에 중요한 기술입니다. 문제는 마치 주인 없는 집(34~35쪽 참고)처럼 과거나 미래에 대한 생각 및 감정에 조종당하거나 압도될 때입니다.

명상은 기억, 학습, 계획 등의 기술을 쓰지 말라고 하지 않으며, 그러한 능력을 떨어뜨리지도 않습니다. 오히려 명상은 자신의 생각을 알아차리는 방법을 알려주고, 과거나 미래에 대한 생각에 습관적으로 휘둘리는 대신 그 생각들을 보다 명확하고 차분하며 의도적으로 활용할 수 있도록 도와줍니다.

"현재를 사는 일은 명상의 중요한
요소이지만 그게 전부는 아닙니다."

기존 마음가짐 vs 명상 마음가짐

명상을 통해 알아차림을 연마하면 의식적으로 또 의도적으로 생각하는 힘을 가질 수 있습니다. 나아가 자신의 생각과 보다 건강한 관계를 맺을 수 있고, 과거와 미래를 더 넓은 시각에서 바라볼 수 있으며, 지금 이 순간을 더 잘 활용할 수 있습니다.

기존 마음가짐

과거
그리움, 후회 등 돌이킬 수 없는 일에 대한 생각과 감정이 자꾸만 떠올라 견디기 힘듭니다.

미래
희망, 두려움 등 아직 일어나지 않은 일에 대한 생각과 감정이 마음을 가득 메워 불안합니다.

알아차림
과거와 미래에 관한 생각이 여러분의 의식을 지배하고 있습니다.

현재
지금 이 순간을 사는 데 시간을 덜 쓰게 됩니다.

명상 마음가짐

과거
주의를 통제하여 교훈이나 추억 등 긍정적인 요소에 집중할 수 있습니다.

알아차림
과거와 미래에 관한 생각과 보다 차분하고 명확한 관계를 맺습니다. 생각을 보다 잘 통제할 수 있고, 마음의 여유도 덜 빼앗길 수 있습니다.

미래
주의를 통제하여 비전이나 목표 등 긍정적인 요소에 집중할 수 있습니다.

현재
현재에 집중하고 '지금 이곳'에 보다 많은 시간을 할애할 여유를 가질 수 있습니다.

명상하는 마음과의 만남

여정 시작하기

앞으로 만나게 되는 것

이번 장에서는 다양한 명상법을 체험해보고 삶 속에 즉각
편안함을 가져다줄 간단한 명상들에 빠져보겠습니다.
시작하기에 앞서 앞으로 무엇을 만나게 될지 살펴봅시다.

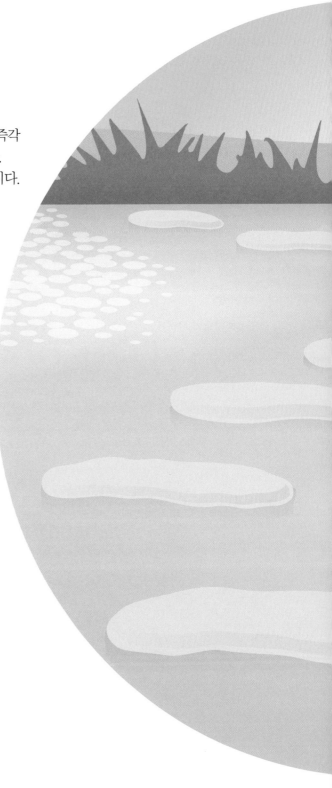

우선 짧은 시간 동안 간단한 기법을 체험하며 명상의
호수에 발끝을 담가보세요. 그 다음 자기 페이스에 맞춰
다섯 종류의 미니 명상을 해보세요. 각각의 명상은 몸,
시각, 호흡, 생각, 청각 등 각기 다른 요소에 집중합니다.
여기서 맛보는 명상 기법들은 앞으로 4장에서 더욱
자세하게 다룰 예정입니다. 여러 종류의 미니 명상을
연달아 해보아도 좋지만, 시간을 두고 하나씩 체험하여
몸과 마음에 어떤 느낌이 드는지 천천히 살펴보는 게 더
좋습니다. 하루에 5분씩만 투자해보세요. 언제든 잠시
쉬어가고 싶을 때마다 하는 것도 좋습니다.
마지막으로 미니 명상을 한 직후 각 명상이 어떻게
느껴졌는지 되짚어보세요. 이를 통해 어떤 기법이
여러분에게 가장 잘 맞는지 알 수 있고, 자신에게 주어진
시급한 문제를 매일 명상하는 습관을 들이기에 앞서
해결할 수 있습니다.

현실적 기대

앞선 1장 내용에 따르면 10분 정도 명상하는 것만으로도
도인이 될 수 있을 것 같지만 사실 그렇지 않습니다.
명상의 효과가 나타나는 데에는 시간이 걸립니다.
몇 주 혹은 몇 달, 심지어는 몇 년이 걸릴 수도 있죠.
그러니 즉각적인 효과를 바라거나 이득을 계산하면서
명상을 시작하면 실망하거나 의욕을 잃을 가능성이

"명상을 하다보면 언젠가는
변화한 자신을 발견하게
될 것입니다."

큽니다. 하지만 개인의 감수성이나 자기 인식 수준에 따라 한 번의 명상만으로도 즉각 느낄 수 있는 효과도 있습니다.

- **몸과 마음**이 차분해지고 이완됨
- **머릿속**이 맑아짐
- **상쾌함**과 평온함
- **안정**과 정신 집중

올바른 마음가짐을 가지고(아래 참고) 최대한 설명을 따르려 노력한다면 여러분도 효과를 느낄 수 있을 것입니다.

여정 시작하기

명상가의 마음가짐

명상을 할 때는 다음의 태도를 가지는 게 좋습니다.

호기심. 명상에 대하여 마음을 열고 흥미를 가진다면 지루하거나 기계적이게 되지 않을 겁니다.

끈기. 무슨 일이 있든 매일 명상을 하세요. 끈기는 명상이 가져다줄 효과와 변화의 토대입니다(62쪽).

판단하지 않기. 명상을 할 때 집중력이 흐트러지거나 잘하지 못한다고 자책하지 마세요. 명상의 순간을 과대평가하지도 마세요.

인내. 서두르거나 효과가 금세 나타나기를 기대하지 마세요. 자기 변화에는 시간이 걸립니다.

잠시 쉬어가기

처음 맛보는 명상

명상을 한 번도 해본 적 없다면, 혹은 명상 여정을 이어가다가 잠시 쉬어가고 싶다면 이 명상을 해보세요.
5분 정도 필요하며, 원한다면 타이머를 사용해도 좋습니다.

01
의자나 바닥에 편안하게
앉으세요. 허리와 목을
곧게 펴세요. 눈을 감거나,
편안하게 뜬 채 바닥을
가만히 응시하세요.

02
세 차례 코로 숨을 깊게
들이마시고 입으로
내뱉으세요. 그다음
입을 다무세요.

03
자신의 몸에 스스로를 담아보세요.
여러분의 몸은 지금 이곳에
있습니다. 몸의 무게를 느껴보세요.
온몸의 형태를 느껴보세요. 몸이
바닥에 닿아있는 느낌, 피부가 옷에
닿아있는 느낌을 느껴보세요.

04
긴장한 부위는 없는지
마음속으로 살펴보세요.
만약 있다면 그 부위에
정신을 집중하고, 호흡을
내뱉으면서 긴장이 풀리는
느낌을 느껴보세요.

"어느 단계에서든 생각이나 이미지가 떠오른다면 있는
그대로 놔두세요. 방해받았다고 생각하지 마세요."

05

이제 호흡에 집중해보세요. 숨을 쉬는 데 몸의 어느 부위가 쓰이는지 느껴보세요. 콧구멍, 목구멍, 가슴, 배로 이어집니다. 숨을 쉴 때마다 각 부위의 감각을 관찰해보세요.

06

숨을 쉴 때 콧구멍의 감각에 집중해보세요. 여러분은 어떻게 호흡하고 있나요? 숨이 얕은가요, 깊은가요? 느린가요, 빠른가요? 고른가요, 불규칙한가요? 따뜻한가요, 차가운가요?

07

머릿속 생각이 하늘의 구름처럼 흘러간다고 상상하면서 호흡의 감각을 계속 관찰해보세요.

08

5분이 지났다면 몸과 마음이 어떻게 달라졌는지 스스로에게 물어보세요. 달라진 점을 찾아보세요.

이제 미니 명상 1을 해봅시다.

산처럼 땅 딛기

몸 알아차림과 확언을 통해 멈춤과 단단함을 느껴봅니다. ▶

산처럼 땅 딛기

미니 명상 1: 몸 알아차림

산은 평화와 강인함, 힘의 상징입니다. 이 명상은 상상과 확언, 그리고 몸 알아차림(body awareness)을 이용하여 산처럼 고요하고 안정적인 느낌을 선사합니다. 다른 명상에 앞서 해도 좋습니다. 잠드는 데에도 도움이 됩니다.

01
편안한 자세로 가만히 앉으세요. 눈을 감고 코로 세 번 깊이 호흡하세요. 길게, 부드럽게, 고르게 호흡하세요.

02
잠시 여러분의 몸을 하나의 단위로 느껴보세요. 몸이 바닥, 방석, 의자 등에 닿아있음을 느껴보세요. 땅이 여러분을 어떻게 받치고 있는지 느껴보세요.

03
이제 오른 다리 전체, 엉덩이부터 발끝까지 정신을 집중하세요. 그리고 되뇌세요.

04
되뇌는 동안 다리가 산이 되고 있다고 상상해보세요. 몸에서부터 산이 자라나고, 몸의 모든 세포가 '산 모드'를 켠다고 상상하세요.

"… 내 오른 다리가 산처럼 묵직하고 단단하다. 긴장이 풀린다. 편안하고, 멈추어 있다."

06

다시 한 번 몸 전체에 집중해보세요. 하나의 단위로 몸이 어떻게 느껴지는지 살펴보세요. 그리고 되뇌세요.

"… 온몸이 산처럼 묵직하고 단단하다. 긴장이 풀린다. 편안하고, 멈추어 있다."

07

몸의 멈춤(stillness)이라는 깊은 감각이 얼마나 편안하고 평화로우며 즐거운지 느껴보세요. 긴장을 풀고 멈추어 가라앉는 느낌을 즐겨보세요.

05

몸의 다른 부위에 대해서도 똑같은 확언을 되뇌어보세요. 왼 다리(엉덩이부터 발끝까지)부터 양팔(어깨부터 손끝까지), 몸통, 목, 머리, 얼굴로 이어집니다.

08

준비가 되었다면 손가락에 주의를 집중한 뒤 살짝 움직여보세요. 다른 부위들도 하나씩 움직이면서 천천히 명상에서 깨어나세요.

09

명상을 마쳤다면 잠시 시간을 들여 명상 도중과 이후 어떤 느낌이 들었는지 돌이켜보세요(54~55쪽 참고).

"확신과 집중, 느낌을 가지고 확언을 되뇌세요. 몸의 감각을 깨워보세요."

이제 미니 명상 2를 해봅시다.

가만히 응시하기

다음 명상은 시선을 고정하여 마음을 가라앉히는 명상입니다. ▶

가만히 응시하기

미니 명상 2: 마음 가라앉히기

이 명상법은 시선을 고정시켜 마음을 가만히 가라앉히는 기법입니다.
보다 발전된 형태로서 트라타카(102~103쪽 참고)가 있지만, 여기에서는 매우 간단한
응용 기법을 살펴봅니다. 다른 명상에 앞서 준비 명상으로 해도 좋습니다.

01

편안한 자세로 가만히 앉거나
누우세요. 눈을 뜨고 코로 세 번
깊이 호흡하세요. 길게, 부드럽게,
고르게 호흡하세요. 명상하는 동안
몸의 긴장을 풀고 가만히 있으세요.

02

움직이지 않는 사물 하나를 정하세요.
빌딩, 달, 혹은 책상 위 물건도
좋습니다. 물체와 마주볼 수 있도록
몸을 돌리세요. 눈높이의 물체를
선택해 고개와 시선이 바닥과
평행하도록 두는 게 가장 좋습니다.
물체가 크다면 그중 일부분을
정하세요.

"온 의식을 시선과 하나로
만들어보세요."

03
이제 물체에 시선과 마음을 고정합니다.
온 우주에 그 물체밖에 없다고
상상해보세요. 시선은 고정하지만
눈에 힘은 풀고 자연스럽게 깜빡이도록
놔두세요. 눈을 찡그리거나 눈꺼풀이
떨린다면 과하게 긴장한 것입니다.
눈이 타는 듯한 느낌도 피해야 합니다.
만일 이러한 느낌이 든다면 명상을
중단하세요.

04
마치 하늘의 구름처럼 생각이
지나가도록 두세요. 사물의 이름을
만트라 삼아 마음속으로 되뇌어도
좋습니다. "달, 달, 달"처럼요.
물체에 생각과 시선을 집중하는
데 도움이 될 겁니다. 3~5분 정도
계속하세요.

05
준비가 되었다면 눈을 감고
잠시 쉬세요. 이후 잠시
시간을 들여 명상 도중과
이후 어떤 느낌이 들었는지
돌이켜보세요(54~55쪽 참고).

가만히 응시하기

**이제 미니 명상 3을
해봅시다.**

들이마시고 내쉬기

다음 명상은 호흡에
주의를 집중하는
명상입니다. ▶

들이마시고 내쉬기

미니 명상 3: 호흡 셈하기

호흡은 명상에서 가장 자주 이용하는 대상입니다. 호흡의 감각에 주의를 집중하거나,
만트라와 호흡의 박자를 맞추거나, 특정 패턴으로 호흡을 조절할 수 있습니다.
여기에서는 가장 간단한 기법, 호흡 셈하기를 살펴봅시다.

01
편안한 자세로 가만히 앉거나
누우세요. 세 번 코로 깊이
들이마시고 입으로 내뱉으세요.
길게, 부드럽게, 고르게
호흡하세요. 명상하는 동안 몸의
긴장을 풀고 가만히 있으세요.
눈을 감고 입을 다무세요.

02
이제 호흡에 주의를
집중하세요. 잠시 호흡의
흐름을 지켜보세요.
바꾸려 하지 말고
그저 있는 그대로를
관찰하세요.

03
이제 10부터 1까지 호흡수를 세보세요.
숨을 끝까지 들이마신 뒤 마음속으로
'10.'이라 말합니다. 그리고 끝까지
내뱉으면 다시 마음속으로 '10.'이라고
말합니다. '9.' 두 번, '8.' 두 번 … '1.'
두 번까지 계속하세요. 1까지 마쳤다면
10부터 다시 시작하세요.

06
잠시 시간을 들여
명상 도중과 이후
어떤 느낌이 들었는지
돌이켜보세요(54~55쪽 참고).

05
준비가 되었다면 셈을 멈추고
잠시 호흡을 지켜보세요.
호흡의 패턴과 마음의 변화를
살펴보세요. 손가락을
부드럽게 움직인 뒤 눈을 뜨며
명상을 마무리하세요.

04
호흡을 세는 동안 생각이
지나가도록 놔두세요.
생각을 억누를 필요도, 생각에
방해받을 이유도 없습니다.
횟수를 잊어버리지 않을
정도로만 호흡과 셈에
주의를 집중하면 됩니다.

들이마시고 내쉬기

"순서를 헷갈리거나 잊어버렸다면
10부터 다시 시작하세요."

**미니 명상 4를
해봅시다.**

하늘의 구름

"관찰의 알아차림"을
통해 마음을 차분하고
맑게 만듭니다. ▶

하늘의 구름

미니 명상 4: 생각 관찰하기

기본적으로 우리는 우리의 생각을 사실로 여깁니다. 생각과 자기 자신을 동일시하기도 하죠(32~33쪽 참고). 이번 명상에서는 생각의 목격자가 되어봅시다. 생각과 한 발짝 거리를 두는 데, 그리고 맑은 정신과 마음의 자유를 얻는 데 도움이 될 것입니다.

01
편안한 자세로 가만히 앉거나 누우세요. 세 번 코로 깊이 들이마시고 입으로 내뱉으세요. 길게, 부드럽게, 고르게 호흡하세요. 명상하는 동안 몸의 긴장을 풀고 가만히 있으세요.

02
마음에서 '한 발짝 물러나' 마치 하늘에 떠가는 구름처럼 마음속 생각을 바라본다고 상상해보세요. 각각의 구름은 저마다 모양과 색, 속도가 다르고 의미도 다르지만 모두 지나가는 구름일 뿐입니다. 그것들을 멀리서 관찰해보세요.

> "어느 생각이 주의를 사로잡는다면
> 그냥 이를 알아차린 뒤 관찰자로
> 돌아오면 됩니다."

"생각은 말일 수도, 감정이나
이미지일 수도 있지만 그저 모두
구름이라고 생각해보세요."

03

생각들을 하나하나 살펴보세요.
단 생각에 관여하지 마세요.
생각을 해석하지도, 판단하지도
말고 대화를 나누지도 마세요.
떠오르는 모든 생각을 공정하게
관찰하기만 하세요. 그게
다입니다. 몇 분간 계속하세요.

04

준비가 되었다면 천천히
몸을 움직이기 시작하면서
눈을 뜨세요. 잠시 시간을
들여 명상 도중과 이후
어떤 느낌이 들었는지
돌이켜보세요(54~55쪽 참고).

관찰자의 마음가짐

구름이라는 이미지가 소용이 없다면 다른
이미지로 상상해도 좋습니다.

생각을 강물에 이는 물거품이라고 상상하고
떠내려가는 물거품을 관찰해보세요.

생각을 영화관 스크린의 영상이라고 상상하고
영화처럼 상영되는 영상을 관찰해보세요.

**이제 미니 명상 5를
해봅시다.**

지금의 소리

청각에 집중하여
마음을 비웁니다. ▶

지금의 소리

미니 명상 5: 순수한 수용

이 명상은 청각을 이용하여 순수한 수용 상태에 이르게 합니다. 귀로는 생각할 수 없습니다.
그러므로 청각에 모든 의식을 집중한다면 마음을 온전히 비우고 여유와 평화, 그리고 맑은 정신을
얻을 수 있습니다.

01
편안한 자세로 가만히 앉거나
누우세요. 세 번 코로 깊이
들이마시고 입으로 내뱉으세요.
길게, 부드럽게, 고르게
호흡하세요. 이제 입을 다무세요.
명상하는 동안 몸의 긴장을 풀고
가만히 있으세요.

02
청각에 모든 의식을 집중하세요.
청각만이 유일한 감각이고,
세상을 감지하는 유일한
방법이라고 상상해보세요.
온 마음이 귀가 된다고
상상해보세요.

03
주변의 소리를 찾아보세요.
가능한 많은 소리를 알아차려보세요.
새소리, 냉장고 소리, 멀리 지나가는
자동차 소리도 좋습니다. 마음속으로
소리에 이름을 붙이거나 소리가
어디서 나는지 생각할 필요는
없습니다. 하나의 소리에 오래
머물지 말고 몇 초씩만 들어보세요.

"다른 생각이나 감각이 방해하더라도
다시 순수한 청각에
주의를 집중하면 됩니다."

04
몸에서 보다 멀리 떨어진 소리로
조금씩 청각을 옮겨보세요. 좋든
싫든 모든 소리를 있는 그대로
경험하세요. 귀가 있는 바위가
된 것처럼 순수하게 듣기만
하세요.

07
준비가 되었다면 모든 소리를
떠나보내고 다시 자기 몸에
주의를 집중해보세요. 손가락을
부드럽게 움직인 뒤 눈을 뜨고
명상을 마무리하세요. 잠시 명상을
되돌아보세요(54~55쪽 참고).

05
이제 주변에서 끊임없이
들리는 소리 하나를
선택하세요. 끊임없이
들리는 소리가 주변에
없다면 자기 숨소리에
주의를 기울여보세요.

06
우리의 목표는 이외의 소리를
마음으로부터 차단하는 것이
아니라 선택된 소리에 대한
알아차림의 흐름을 유지하는
것입니다.

**이제 되돌아볼
시간입니다.**

어떤 느낌이었나요?

각 명상이 어떻게
느껴졌는지 잠시
생각해봅시다. ▶

어떤 느낌이었나요?

되돌아보는 시간

명상을 체험해보았으니 이제 잠시 시간을 들여 명상이 어떤 느낌이었는지 생각해봅시다.
벌써 차분하고 평화로운 기분이 들 수도 있지만, 보통은 새로운 기술을 배우는 데 시간이 걸리는 법입니다.
문제가 있었다 하더라도 아마 간단하게 해결할 수 있을 겁니다.

Q. 이제 무엇을 해야 하나요?
각 미니 명상(44~53쪽)은 몸, 시각, 호흡, 생각, 청각 등 다른 요소에 집중합니다. 각 기법이 어떻게 느껴졌는지 되돌아본다면 어떤 종류의 기법으로 명상을 하는 게 좋을지 파악하는 데 도움이 될 것입니다. 각각의 미니 명상에 대하여 다음의 질문을 생각해보세요.

● **명상 중 어떤 느낌이 들었나요?** 마음이 자연스럽고 편안하게 명상에 녹아들었나요? 아니면 지루하고 답답했나요? 마음에 영향을 미치는 감각 경로는 사람마다 다릅니다. 그러므로 어떤 감각에 집중하는 명상이 가장 좋았는지 생각해보고, 그 감각을 주로 이용하는 명상 기법을 선택해보세요.

● **명상을 한 뒤 어떤 느낌이 들었나요?** 사람들은 저마다 다른 목적, 경험, 혹은 성장을 위해 명상합니다. 휴식을 위해, 자유나 존재감, 사랑을 느끼기 위해, 자아를 탐구하기 위해 명상할 수도 있죠. 자신이 무엇을 가장 원하는지, 그리고 어떤 미니 명상이 거기에 가장 도움이 되었는지 생각해보세요. 그리고 4장에서 비슷한 명상법을 찾아 시도해보세요.

Q. 이상한 느낌이 들어요. 맞게 하고 있는 건가요?
명상을 처음 접한다면 평화와 안정을 얻을 수도 있지만 단순히 긴장이 풀리는 데 그칠 수도 있습니다. 설명하거나 이해하기 힘든 경험을 하는 사람들도 있습니다. 지시를 제대로 따라하고 있는 것인지 확실치 않을 수도 있죠. 예를 들어 몸의 긴장을 풀거나 묵직하다고 생각하는 게 어렵거나(44~45쪽), 생각하는 것과 생각을 관찰하는 것이 어떻게 다른지 모를 수 있습니다(50~51쪽). 어떤 느낌이 들든 지금으로서는 걱정하지 않는 게 좋습니다. 명상을 꾸준히 연습하고 배워나가다 보면 점차 많은 것이 분명해질 겁니다.

Q. 명상할 때 자꾸 잠이 들어요.
흔한 문제입니다. 우선 충분한 수면을 취하세요. 그러지 않는다면 명상 시 졸리거나 짜증날 수 있습니다. 그 다음 적절한 시간에 명상을 하고 있는지 확인해보세요(58쪽). 그리고 자세를 확인해보세요. 가능하다면 등받이 없이 허리를 곧게 펴고 앉아 명상하세요. 정신을 깨우는 데 도움이 됩니다. 누워서 명상해야 한다면 무릎을 세우고 발바닥을 바닥에 완전히 붙이세요(68쪽). 여전히 깨어있기 힘들다면 짧은 명상부터 시작해 시간을 조금씩 늘려보세요. 꾸준히 연습한다면 잠에 빠지지 않으면서 차분하고 맑은 정신을 유지할 수 있게 될 겁니다.

Q. 어떻게 하면 마음을 다잡을 수 있을까요?
마음에도 의지가 있는 것처럼 느껴질 때가 있습니다. 우리의 바람과는 상관없이 주의를 쏟고 제멋대로 머무르죠.
명상은 마음과 싸우거나, 생각을 물리치거나, 무언가를

"처음에는 부작용이 나타나기도 하지만 대부분은 쉽게 피할 수 있습니다."

억누르는 행위가 아닙니다. 오히려 알아차림과 집중력을 훈련하는 행위이죠. 마음을 있는 그대로 두면서 명상에 주의 집중하는 노력이 필요합니다. 무엇보다 방해 요소를 자주, 또 빠르게 알아차리려 애써야 합니다. 마음이 떠돌고 있음을 눈치 챘다면 알아차림 근육을 좀 더 키운 셈입니다. 좋은 일이니 기뻐해도 좋습니다! 그저 최선을 다한 뒤 결과를 받아들이세요.

마음이 어떻게 주의를 기울이는지 이해하는 것도 도움이 됩니다. 마음은 우리가 좋아하거나, 싫어하거나, 동일시하는 사물에 자연스레 주의를 기울이기 마련입니다. 이 경향을 바꿀 수는 없지만 이용할 수는 있습니다. 우선 자신이 자연스럽게 즐길 수 있는 명상법을 선택하세요. 그리고 명상 대상을 즐기는 방법을 배워봅시다. 예컨대 호흡에 집중하는 명상 기법을 선택했다면 호흡과 관련된 즐거운 감각을 키워보는 겁니다. 각 호흡이 매우 흥미롭고 신비로우며 즐겁다고 느껴보세요.

Q. 명상을 하면 허리나 무릎, 다리가 아프진 않나요?
명상이 고통스러울 필요는 없습니다.
자세 가이드라인을 잘 따라보세요. 누운 자세 명상도 좋습니다(66~69쪽 참고).

Q. 명상을 하는 도중 몸이 간지러우면 어쩌죠?
명상을 하기 전 몇 분 정도 전신을 살펴보고(body scan) 이완하는 명상을 하면(44~45·92~93쪽 참고) 간지러울 걱정을 덜 수 있습니다. 그래도 여전히 긁고 싶다면 그 충동을 가만히 살펴보세요. 주의를 기울여 쉬어가면서 가려운 감각을 가라앉혀보세요. 그래도 가렵다면 살며시 만지고 다시 명상으로 돌아오세요.

Q. 호흡을 지켜볼 때 숨이 불안하거나 부자연스러워지는데 어떡하죠?
충분히 일어날 수 있는 일입니다. 그저 호흡이 한동안 불안하리라는 점을 받아들이세요. 스스로를 탓하거나 긴장하지 마세요. 몸을 이완하고 호흡을 있는 그대로 두세요. 시간이 지나면 원래대로 돌아올 겁니다.

Q. 그래도 여전히 문제가 있다면 어떻게 해야 하나요?
대부분의 부작용은 수 회 내에 사라지지만, 계속해서 부작용이 남아있다면 명상 기법을 바꾸어보거나 지도자와 상담하세요.

명상
시작하기

매일 명상하는 방법

왜, 언제, 얼마나 오래, 어디서, 그리고 어떻게 명상하는가

조금이라도 명상을 한다면 아예 하지 않는 것보다는 도움이 되겠지만, 가장 큰 효과를 얻으려면 매일 명상하는 게 좋습니다. 자신에게 잘 맞는 실천법을 찾는다면 매일 명상하는 습관을 들일 수 있습니다.

다음의 설명을 최대한 따른다면 명상을 보다 안정적이고 심도 있게 실천할 수 있습니다. 단 상황을 핑계로 명상을 미루지 마세요. 지금 있는 곳에서 할 수 있는 만큼 명상하는 것이 시작점입니다.

왜?

우선 왜 명상을 하고 싶은지 명확하게 밝히는 편이 좋습니다. 건강을 위해서인가요? 스트레스 완화나 수행 능력 향상을 위해서인가요? 행복, 감정적 힐링, 영적 성장 혹은 영적 연결을 위해서인가요? 명상의 주된 목적을 목록으로 만들어 둔 뒤 의욕이 떨어질 때마다 살펴보세요. 1장에서 살펴본 명상의 효과를 참고하면 도움이 될 겁니다.

명상을 왜 하고 싶은지 명확하게 밝힐수록 명상을 실천할 의욕이 생깁니다. 이는 명상을 매일 실천할 밑거름이 될 것이며 얼마나 오래도록 실천할지도 정해줄 겁니다.

언제?

습관이 될 때까지 최대한 매일, 같은 시간에 명상하는 게 좋습니다. 많은 사람들이 아침에 명상을 하는데, 이는 매일 명상을 거르지 않는 데 도움이 됩니다. 하지만 여기에 제시된 지침만 따른다면 하루 일과에 따라 적당한 시간을 골라도 좋습니다. 편안하고 상쾌하며 맑은 기분이 들 때가 가장 좋으며, 그렇지 않다면 실천을 심화하기 매우 힘들 수 있습니다. 다음과 같은 시간을 골라 보세요.

- **잘 자고 일어난 아침**에 명상하면 푹 쉰 느낌을 받을 수 있습니다.
- **가볍게 운동하고 몸이 진정된 뒤** 명상하면 보다 맑은 정신을 가질 수 있습니다.
- **어느 때이든 공복**(최소 식사 2시간 후)에 명상하면 소화 때문에 졸릴 일을 피할 수 있습니다.

생체 시계
매일 같은 시간에 명상하면 몸과 마음도 언제 진정하고 언제 집중할 지 알게 됩니다.

"시간이 지나면 명상이
하루의 자연스러운
일과가 될 겁니다."

좋은 습관 들이기

무엇이든 새로운 습관을 들이려면 이미
습관적으로 하는 행동 직후에 실천하는 게
좋습니다. 명상을 하고 싶은 시간 전후에 매일
습관적으로 하는 행동을 찾아 '닻 습관'으로 삼아
보세요.

만약 아침에 명상하고자 한다면 샤워를 닻
습관으로 삼을 수 있습니다. 마음속으로 샤워
후에는 명상을 해야 한다고 정해두는 거죠.
아침에 일어나 물 한 잔을 마시거나 이를 닦는
습관도 닻 습관이 될 수 있습니다. 매일 하는
행동이라면 어떤 것이든 좋습니다.

이제 명상을 상기시켜줄 계기를 정해야 합니다.
이는 습관이 들기 전 몇 주만 신경 쓰면 됩니다.
예컨대 거울에 포스트잇을 붙여 놓거나 핸드폰
알람을 맞추어 두는 방법이 있습니다.

계속 ▶

얼마나 오래?

짧은 명상부터 시작하세요. 의욕이 금세 떨어지지 않고, 시간이 없다는 핑계도 피할 수 있습니다. 처음이라면 단 5분이라도 충분합니다. 시간이 지나 명상하는 습관이 들고 즐기게 되었을 때 점차 명상 시간을 늘리면 됩니다. 예컨대 1주일에 1분씩 늘려도 좋습니다. 한편 명상의 일반적인 효과를 위해서는 매일의 명상이 20분 동안 지속되는 것을 목표로 삼아야 합니다. 또 스스로를 변화시키거나 영적 효과를 얻으려면 40분을 목표로 삼으세요. 타이머나 명상 앱을 이용해 시간을 재도 좋습니다.

어디서?

집이나 직장에서 조용하고 방해받지 않을 수 있는 곳을 찾아보세요. 또한 눈을 감고 내면을 들여다보아도 안전하다고 느낄 수 있어야 합니다.

사람은 환경의 영향을 받으므로 방해 요소가 없으면서 깨끗하고 깔끔하게 정돈된 곳이 좋습니다. 오로지 명상을 위한 장소를 마련하기는 현실적으로 쉽지 않으므로, 방 한 구석이라도 매일 명상할 장소를 정하는 게 좋습니다.

가능하다면 매일 같은 곳에서 명상하는 게 좋습니다. 특정 장소와 명상을 연관시킨다면 습관들이기에도 좋고 익숙해지는 데에도 도움이 됩니다. 또한 장소가 곧 긴장을 풀고 마음을 가라앉히는 계기가 됩니다.

물론 직장이나 출퇴근길, 산책길, 혹은 공원 등 일상 속 많은 곳에서도 명상을 할 수 있습니다(140~141쪽 참고).

어떻게?

이 책에서 소개하는 다양한 명상법 중 몇 가지를 골라 실험해보세요(80~81쪽 참고). 이미 좋아하는 명상법이 있다면 그대로 해도 좋습니다. 바닥이나 벤치, 의자에 앉는 자세를 정해두는 것도 좋은 생각입니다(66~69쪽 참고). 촛불이나 만다라 등 소품을 준비해도 좋습니다. 명상 시간이 되면 언제든 사용할 수 있도록 소품을 명상 장소에 두세요.

씻어내고 반복하기

그날 명상을 어떻게 했든, 명상을 마무리할 때마다 오늘도 스스로에게 좋은 일, 중요한 일을 하는 데 시간을 들였음을 기억하세요. 그리고 그 다음날 같은 시간, 같은 장소에서 다시 명상하세요. 마지막으로 명상을 하는 동안 '명상가의 마음가짐', 즉 명상에 대한 호기심과 끈기, 판단하지 않기, 그리고 인내를 가져보세요(40~41쪽 참고).

> "매일 명상하는 습관을 들이면 명상을 통해 나아가는 데 도움이 됩니다."

네버 제로

헌신의 힘

얼마나 의욕이 넘치든 새로운 습관을 들이기는 결코 쉽지 않습니다. 처음 시작하는
데에는 의욕이 좋은 연료가 되지만, 의욕은 기분만큼이나 변덕스러울 수 있습니다.
일단 시작했다면 이제는 명상을 오래도록 일상의 일부로 만드는 데 헌신해야 합니다.

부부는 헌신하기 때문에 갈등이나 시련이 있어도 함께할
수 있습니다. 부모도 헌신하기 때문에 아무리 지쳐도
아이들에게 가장 좋은 것만 주고자 애쓸 수 있습니다.
마찬가지로 헌신한다면 아무리 피곤하고 바쁘고 의욕이
없어도 꾸준히 명상할 수 있습니다.
명상 습관 들이기에서는 이러한 헌신을 가리켜 "네버
제로(never zero)"라고 부릅니다. 예컨대 스스로에게 이렇게
말하는 겁니다. "매일 명상할 거야. 무슨 일이 있어도
명상하기 전에는 자지 않을 거야. 피곤해도, 엄청나게 바빠도,
여행 중이더라도 최소한 5분은 시간을 내서 명상할 거야."
스스로에게 진심으로 헌신하는 순간, 명상은 여러분의
인생에 깊이 뿌리내리기 시작합니다. 이는 곧 여러분이 첫
번째 전투, 수양의 전투에서 이겼다는 의미이기도 합니다.

헌신이 주는 여유

네버 제로 헌신은 상당한 마음의 여유를 줍니다. 오늘 명상을
할지 말지, 혹은 명상을 할 시간이 있을지 없을지 고민하지
않아도 되기 때문입니다. 상황이 여의치 않은 날에도
언제, 얼마나 오래 명상을 할지만 생각하면 됩니다.
아직 이 정도로 스스로에게 헌신할 준비가 되지
않았다 하더라도 괜찮습니다. 이 정도의 헌신 없이도
명상을 체험하고 배우고 시도할 수 있기 때문입니다.
하지만 이렇게 헌신할 때에만 명상의 모든 효과를 얻을 수
있을 것입니다.

> "무슨 일이 있어도 스스로를 위해
> 긍정적인 일을 한다는 것은
> 그 자체로 엄청난 힘을 가집니다."

변명과 핑계

'네버 제로'는 단 하나의 예외도 허용하지 않는다는 점을 명심하세요.
앞으로 찾아올 수 있는 어려운 상황을 떠올려보세요. 그대로 놔둔다면 명상을 건너뛰거나 깜빡 할
핑계나 변명거리가 될 것입니다. 이제 각 핑계에 대한 반박을 떠올려보세요.

핑계		확언
"중요한 마감이 코앞인데 일이 가장 중요하니까 명상은 내일 할래."	▶	"명상을 하면 일을 더 잘할 수 있으니까 명상에 시간을 투자하는 게 좋아."
"오늘은 원래 하던 장소나 시간에 할 수 없으니까 명상을 못 하겠어."	▶	"명상을 일상에 들이는 연습을 할 좋은 기회야."
"휴가 중이니까 명상도 잠깐 쉬어도 되겠지."	▶	"명상은 긴장을 풀어주고 차분하게 만들어주니까 잘 쉬는 데 도움이 돼."
"지금 감정적으로 너무 힘들어서 명상까지 감당할 수 없어."	▶	"나는 힘든 생각들을 바라보는 목격자일 뿐이야. 명상은 생각 처리를 도와줘."

과정 즐기기

평생 명상의 토대

명상을 즐길수록 더 많은 것을 얻을 수 있습니다. 명상에 대한 긍정적인 마음가짐을 기른다면 이 여정에 꾸준히, 의욕적으로 헌신할 가능성도 높아집니다. 이는 곧 명상을 오랜 습관으로 만들 토대이기도 합니다.

과정을 즐기는 방법을 배우려면 명상과 여러분의 관계, 명상에 관한 여러분 내면의 이야기를 살펴보아야 합니다. 무엇보다도 명상이 할 일 목록을 차지하는 숙제가 아니라 자기 자신을 위해 마련해 둔 특별한 시간이란 점을 명심해야 합니다. 명상은 자신을 알아가는 일이고, 자신의 친구이자 주인이 되는 일입니다. 또한 삶의 모든 것을 증폭시켜줄 힘이기도 합니다.

심호흡하세요

탐험 여행

다음의 아이디어를 따라 명상을 삶 속의 즐거운 일과로 만들어보세요.

● **명상을 탐험 여행**이라고 생각해보세요. 가장 잘 맞는 명상법을 찾을 때까지 방법에 대하여 생각해보고, 다른 방법을 시도해보고, 다양한 지도자를 만나보세요.

● **최적의 조건**에서 명상하세요. 영감을 주는 명상 장소를 만들어도 좋고, 좋은 방석이나 의자를 사용해도 좋습니다(60·66~69쪽 참고).

● **명상에 관한 부정적인 느낌**을 가지지 마세요. 명상을 잘하지 못했다고 자책하거나 필요 이상으로 분석하지 마세요. 스스로 자리를 잡고 알아차림과 집중의 기술을 연습했음을 이해한다면 그것으로 족합니다(오른쪽 참고).

● **하고 싶은 것보다 조금 덜** 명상하세요. 의욕에 넘쳐 무리하지 마세요. 그래야 의욕을 계속 유지할 수 있습니다.

● **명상 파트너**를 찾아보세요. 명상에 대한 열정이 있고, 서로의 경험을 나눌 수 있는 사람이면 좋습니다.

● **명상 공동체**를 찾아가보세요. 영감을 얻고 정진할 수 있습니다.

현재를 살라

마음의 평화

내면의 이야기

스스로에 대한 부정적 독백에 빠져들고 있다면 아래와 같은 긍정적인 독백을 이용해 빠져나오세요.
부정적 사고방식이 어떻게 마음의 문을 닫아버리는지, 그리고 긍정적 사고방식이 여러분을 어떻게
고양시키고 북돋워주며 마음을 열어주는지 살펴보세요.

부정적 독백	긍정적 독백
"명상을 끝내야 하루를 시작할 수 있어."	"잘됐네. 잠깐이라도 머리를 비우면 좋지!"
"명상은 지루하지만 몸에 좋으니까 해야 돼."	"좋은 명상 후에는 기분이 참 좋아. 유익하고 상쾌해!"
"명상은 필수 일과니까 무조건 해야 돼."	"명상은 내 존재의 깊이를 알아보는 탐험이야."
"누구나 명상하고, 누구나 명상이 좋은 걸 알아. 안 하는 게 부끄러운 일이지."	"명상을 통해 평화와 행복에 관한 독특한 감각을 느낄 수 있어. 더 하고 싶어."

명상에 힘을 실어주는 자세

기초 단단하게 다지기

소파에 구부정하게 앉아 있으면 피곤하고 무기력해집니다. 반면 곧게 서 있으면
자신감 있고 강한 기분이 들죠. 몸은 마음에 영향을 주기 때문에 반드시 적절한
명상 자세를 찾아야 합니다.

몸의 언어는 신경계에 어떤 기분을 느껴야 하는시
말해주는 강력한 도구입니다. 그러므로 추천된
명상 자세를 그대로 따르는 게 좋습니다. 명상
자세들은 의례나 문화적 상징이 아니라 수 세기 동안
자세가 마음에 미치는 영향을 실험한 끝에 도출된
결과물입니다. 이번 장에서 설명하는 대로만 한다면
명상의 기초를 단단하게 다질 수 있습니다.

자세 정하기

여기에서는 명상 때 취할 수 있는 네 가지 자세를
소개합니다. 바닥에 방석을 깔고 앉는 자세가 가장
좋습니다(오른쪽 참고). 가장 안정적인 명상 자세이며,
긴장을 풀고 몸과 마음을 가라앉히기 쉽기 때문입니다.
바닥에 앉으면 보다 자연스러운 기분으로 명상할 수
있지만, 어렵다면 의자에 앉아서 명상하며 편안함과
안정성의 균형을 맞추는 게 좋습니다. 똑바로 앉기
힘들다면 누워서 명상해도 좋습니다(68~69쪽 참고).

> **"좋은 자세는 명상 수행에
> 가장 좋은 기초입니다."**

04
목을 곧게 펴려면 마치
보이지 않는 실이
잡아당기는 것처럼 머리
위쪽을 들어 올려보세요.

03
눈을 감고 입을
다무세요.

02
어디에도 기대지
말고, 척추와 목을
일직선으로 두세요.

01
골반 윗부분을 앞쪽으로
살짝 기울여주세요.
노력하지 않아도 허리를
곧게 펴는 데 도움이
됩니다.

미얀마식 자세

그림과 같은 미얀마식 자세(평좌_역주)는
방석이나 접어둔 담요, 요가 블록 등에 앉아
엉덩이보다 무릎을 약간 낮게 둔 자세입니다.
시간이 지나면 다리가 유연해지면서 이 자세로
앉기도 점점 쉬워질 것입니다.

05
침이 덜 나오도록 혀끝을
입천장에 가볍게 대세요.

06
무릎이 공중에 떠 있으면
안 됩니다. 만약 무릎이
바닥에 닿지 않는다면 무릎
아래에 베개나 접은 담요를
두세요.

07
자세를 잡고 긴장을 풀면서
품위와 안정을 즐겨보세요.

자세의 원칙

어떤 명상 자세를 택하든 명상을 할 때
다음의 네 가지가 느껴지는지 살펴보세요.

안정. 견고한 자세는 안정적이고 안전하게
느껴집니다.

곧음. 똑바로 서거나 곧게 누우면 마음이
공상에 빠지지 않습니다.

편안함. 편안한 상태라면 오랜 시간 가만히
앉거나 누워있을 수 있으며 방해 요소도
적어집니다.

이완. 자세에 사용되지 않는 모든 근육, 특히
어깨와 팔, 얼굴의 근육을 이완합니다.

계속 ▶

대안 자세

미얀마식 자세처럼 다리를 교차해 앉기가
힘들거나 불편하다면 스툴이나 의자를
이용하거나 누워서 명상해도 좋습니다.
어느 자세를 선택하든 자세의 원칙을
지켜주세요(67쪽 참고). 눈을 감고 입을 다문
뒤 혀를 입천장에 살짝 대고 휴식합니다.

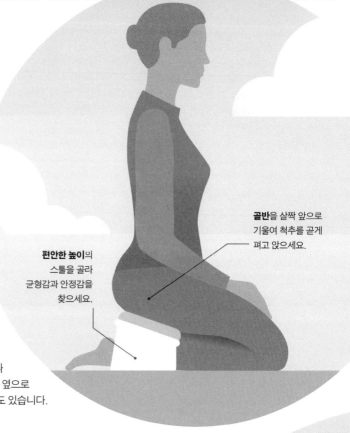

골반을 살짝 앞으로
기울여 척추를 곧게
펴고 앉으세요.

편안한 높이의
스툴을 골라
균형감과 안정감을
찾으세요.

스툴을 이용한 명상

무릎을 꿇은 자세로 명상하려면 스툴이나
벤치를 이용할 수 있습니다. 명상 방석을 옆으로
돌려 다리 사이에 끼우고 명상하는 방법도 있습니다.

> "누워서 명상한다면
> 잠들지 않겠다고
> 단단히 다짐하세요."

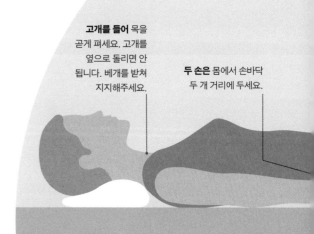

고개를 들어 목을
곧게 펴세요. 고개를
옆으로 돌리면 안
됩니다. 베개를 받쳐
지지해주세요.

두 손은 몸에서 손바닥
두 개 거리에 두세요.

누워서 하는 명상

앉아있기 매우 힘든 경우라면 누워서
명상하세요. 잠들지 않기가 꽤 힘들 수
있으니 무릎을 세우고 발바닥을 바닥에
딱 붙이는 게 좋습니다. 깜빡 졸면 다리가
바깥으로 벌어지며 잠을 깨워줄 겁니다.

명상 시작하기

허벅지가
바닥과 평행을
이룹니다.

의자를 이용한 명상

방석이나 스툴이 불편하다면
의자에 앉아서 명상해도 좋습니다.
흔들리지 않는 의자를 고르세요.
곧게 앉았을 때 발바닥이 완전히
바닥에 닿아야 합니다.
등받이가 있더라도 뒤로 기대지
않는 게 좋습니다.

방석을 이용해 골반을 살짝
앞으로 기울여 앉으면 척추를
곧게 펴는 데 도움이 됩니다.

목과 머리, 척추가
일직선을 그립니다.

바닥에 온몸을
맡기고 힘을
빼세요.

손바닥을 펴 하늘을
보게 두고 손가락에
힘을 빼세요.

다리는 어깨 너비보다
살짝 넓게 벌리고 발끝이
바깥을 향하게 두세요.

"의자를 이용한
명상은 언제
어디서든 활용할
수 있습니다."

상쾌한 공기 마시기

복식 호흡

몸속 모든 세포에는 끊임없는 산소 공급이 필요합니다. 때문에 호흡은 우리 몸 상태에 생각보다 지대한 영향을 미칩니다. 복식 호흡은 명상에서 몸을 이완하는 데 도움이 되며, 일상에서 차분하고 침착하게 지내는 데 좋습니다.

흉식 호흡은 폐의 중간 부분만 이용하는 호흡으로 어깨와 목이 결릴 수 있습니다. 또한 몸의 투쟁-도피 반응을 일으켜 스트레스 호르몬인 코르티솔 수치를 높일 수도 있습니다.
반면 복식 호흡은 혈관이 가장 집중된 폐 밑바닥까지 산소를 전달해줍니다. 힘을 덜 들이고도 더 많은 산소를 얻을 수 있으므로 기분을 전환하고 기운을 내는 데 도움이 됩니다. 또한 몸과 마음을 진정시키는 효과도 있고, 명상할 때에도 보다 완전히 이완할 수 있게 해줍니다. 늘 복식 호흡하는 습관을 들인다면 일상 속에서도 같은 효과를 볼 수 있습니다. 코를 통해 느리고 깊게 숨 쉬는 게 가장 좋습니다.

숨 쉬는 방법

평소 어떻게 숨 쉬는지 살펴보려면 바닥에 누워 왼손을 배 위에, 오른손을 가슴 위에 올려두고 편안하게 숨 쉬어 보세요. 왼손이 움직인다면 복식 호흡이고, 오른손이 움직인다면 흉식 호흡입니다. 흉식 호흡이 습관이라면 오른편의 연습법을 통해 복식 호흡하는 습관을 들일 수 있습니다. 처음에는 부자연스럽게 느껴지겠지만, 몇 주 간 매일 연습한다면 훨씬 쉽게 느껴질 것입니다.

02
호흡의 흐름과 손의 움직임을 1분간 관찰해보세요. 있는 그대로 자연스럽게 두세요.

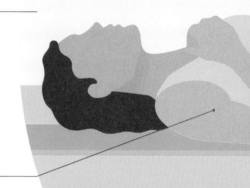

01
편안하게 누우세요. 왼손을 배 위에, 오른손을 가슴 위에 올리세요.

복식 호흡법
3주간 매일의 아침, 저녁마다 설명을 따라 연습해보세요. 하루 중 틈틈이 호흡을 살펴보고, 필요하다면 의식적으로 바꾸세요.

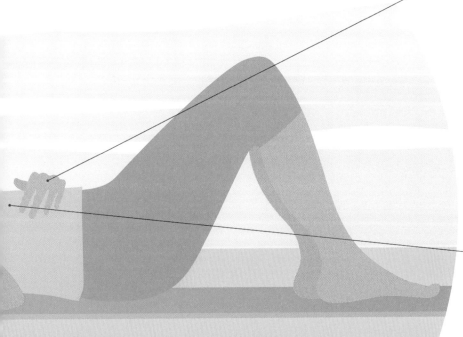

03

왼손과 배에 주의를
집중해보세요. 평소대로 숨
쉬면서 계속 집중하세요.
1분간 계속하세요.

04

숨을 들이마실 때 배가 살짝
나오도록 부풀려 횡격막을
늘려주세요. 숨을 뱉을 때
배를 다시 집어넣으면서
횡격막을 이완시켜주세요.
20번 연습해보세요.
이 과정에서 오른손을
움직여선 안 됩니다.

05

양손을 뗀 뒤 호흡이 배에서
머물고 있는지 1분간
관찰해보세요.

06

준비가 되었다면 연습을
마무리하세요. 연습 도중
어떤 느낌이었고 연습
전과 후의 느낌이 어떻게
달라졌는지 살펴보세요.

상쾌한 공기 마시기

"앞으로는 보다 건강하고 침착하며
상쾌하게 숨 쉬며 사세요."

손동작

무드라 이용하기

앉은 자세를 배웠다면, 이제 손은 어떻게 해야 할까요?
몇몇 명상가들은 '무드라(mudra)'라는 손 모양을
이용합니다. 무드라는 제스처, 태도, 혹은 봉인이라는
뜻의 산스크리트어입니다.

수백 가지의 무드라가 존재하며 각기 목적도 다릅니다.
불교와 요가의 수많은 명상 전통에서 무드라를
사용합니다. 요가 수행자들은 무드라가 마음에 미묘한
영향을 미친다고 여기지만, 알아차림을 예민하게 갈고
닦은 숙련된 명상가만이 그 차이를 느낄 수 있다고
합니다. 여기에서는 명상에서 널리 사용하는 다섯 가지
무드라를 살펴보겠습니다. 다른 요소들과 마찬가지로
모두 시도해보고 자신에게 가장 잘 맞는 것을 택하세요.
원한다면 손을 무릎에 편안하게 올려두어도 좋습니다.

의식의 제스처(친 무드라)

모양은 즈나나 무드라(아래 참고)와 같지만 손바닥을
위로 향하게 둔 자세입니다. 두 자세 모두 우주와
개인 의식이 하나됨을 의미합니다. 이 무드라는
개방과 수용에 도움이 되지만, 몸을 이완시킨
상태에서 유지하기는 어려운 자세입니다.

72

> "무드라는 집중과
> 기의 형성에 도움이
> 된다고 합니다."

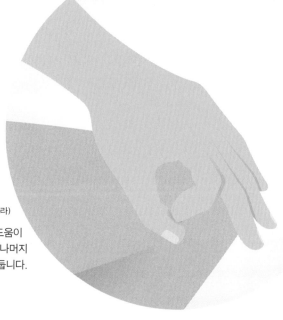

지식의 제스처(즈나나 무드라)

이 무드라는 보다 심오한 지혜와 지식, 맑은 정신에 닿는 데 도움이
됩니다. 검지 끝과 엄지 끝 혹은 엄지 아랫부분을 맞붙인 뒤 나머지
손가락을 펴줍니다. 손바닥이 아래를 향하게 하여 무릎에 둡니다.

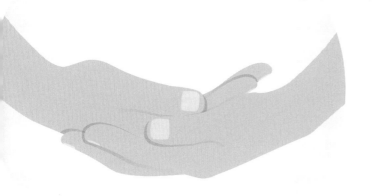

명상의 제스처(디야나 무드라)

요가 무드라 혹은 사마디 무드라라고도 불리는 이 자세는
불교 명상에서 가장 많이 사용하는 자세입니다. 치유력과
집중력을 향상시킨다고 알려져 있습니다. 손바닥이
하늘을 향하게 하여 오른손을 왼손 위에 포갭니다.
손가락을 펴 양 엄지 끝을 붙입니다.

사나운 제스처(바이라바 무드라)

이 자세는 내면의 힘과 건강을 북돋우고
기의 흐름을 조화롭게 만듭니다. 디야나
무드라(우측 상단)와 비슷하지만 두 엄지를
그대로 내려놓은 자세입니다.

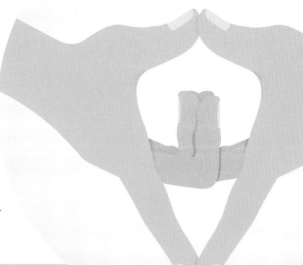

자궁 제스처(요니 무드라)

신경계를 진정시키고 균형을 맞추며 안정과
평온을 구하는 요니 무드라는 의식을 내면
깊숙이 보내는 데 도움이 됩니다. 양손의 중지와
약지, 소지를 엮어 손끝 살을 맞대세요. 엄지를
서로 맞대고, 검지를 맞대어 아래로 펴세요.

집중의 기술

노력과 이완의 균형

우리는 일상에서도 어느 정도의 집중력을 사용하지만, 명상할 때 필요한 만큼 강하게 집중하는 경우는 거의 없습니다. 마음 깊이 집중하려면 노력과 이완, 두 가지의 균형을 잘 맞추어야 합니다.

명상하기 위해 너무 노력하면 긴장되고 불안해지기 쉽습니다. 너무 이완하면 졸거나 늘어질 수 있습니다. 깊은 집중은 그 중간 즈음에서 적절한 노력과 적절한 이완의 균형이 맞아 떨어진 상태입니다. 적절히 이완하려면 몸과 마음의 긴장을 푼 뒤 의식적으로 개방하고 가라앉으면서도 매 순간

깨어있어야 합니다. 적절하게 노력하려면 마음속으로 적당한 강도를 유지하는 한편 연속성과 안정성, 그리고 온화한 감각 또한 가져야 합니다. 이를 연마한다면 명상이 한층 더 흥미롭고 중요하게 느껴질 것이며 의욕도 유지할 수 있습니다. 마음의 강도에 관한 비유를 보면 이 느낌을 찾는 데 도움이 될 것입니다(다음 페이지 참고).

"적절한 균형은 몰입 상태에 들어서는 데 도움이 됩니다."

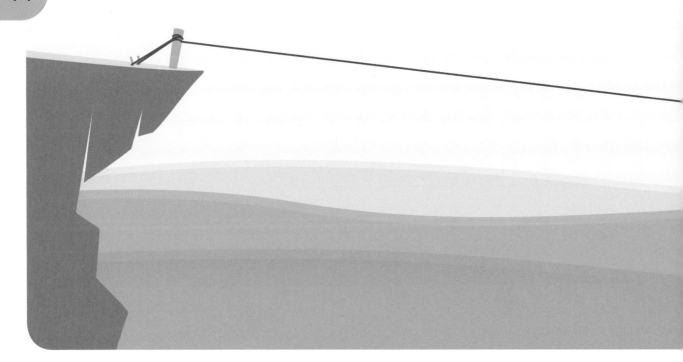

마음의 강도에 관한 비유

다음의 이미지들을 떠올려본다면 강하고 흔들림 없는 존재가 어떤 느낌인지 알 수 있을 것입니다. 이를 명상에서 활용한다면 몰입 상태에 돌입할 수 있을 것입니다. 몰입이란 자기 자신과 자세, 주변 환경을 잊고 집중의 대상과 하나가 되는 상태입니다.

이렇게 명상하세요.

- **외줄타기 광대**가 줄 위에서 완벽한 균형을 유지하며 한 발씩 신중하게 내딛는 것처럼
- **조각가**가 모든 정신과 시각, 손 기술을 집중하여 작은 성냥에 조각하는 것처럼
- **촛불**이 고요한 방 안에서 가만히 타는 것처럼
- **고양이**가 쥐구멍 앞에 엎드린 채 쥐가 튀어나오길 조용하고 끈질기게 기다리는 것처럼
- **부모**가 몇 년 만에 만난 아이를 기쁨에 차 끌어안을 때처럼
- **마음이 쇳가루**이고 명상의 대상이 강력한 자석인 것처럼
- **나의 존재**가 한 방울도 남김없이 명상의 대상에 흘러가는 것처럼
- **마음이 과녁**을 향해 날아가는 화살인 것처럼
- **마음에 담**을 둘러 오직 한 가지, 예컨대 호흡에만 집중하게 만들어진 것처럼
- **불이 붙은 머리**에 명상이 물을 부어주는 것처럼

불안과 명상

휴식이 당신을 불안하게 만들 때

명상은 불안을 관리하는 데 도움이 되지만, 만약 휴식 자체가 불안을 낳는다면 어떻게 해야 할까요? 만일 휴식 때문에 불안을 느낀다면 다음의 방법들이 도움이 될 것입니다. 전문가와 상담하여 도움을 구하는 것도 좋은 방법입니다.

우선 휴식의 어떤 요소가 불안을 야기하는지를 성확히 파악해야 합니다. 명상으로 마음을 고요하게 열어둔 사이 힘든 생각(다음 페이지 참고)이나 억눌렸던 감정들이 의식의 수면 위로 떠올라 불안해지는 경우가 대부분입니다. 무엇이 원인이든 완전하고 명확하게 직시해보세요.

태도 조절하기

무엇이 불안을 야기하는지 명확하게 파악했다면 이제 휴식에 대한 태도를 의식적으로 조절할 수 있습니다. 명상을 할 때 몸과 호흡, 그리고 마음을 살펴보세요. 불안이 몸의 어느 부위에 살고 있는지 파악하세요. 다리의 긴장감 때문인가요? 가슴의 떨림, 혹은 머릿속 답답함 때문인가요? 불안과 관련된 감각과 긴장을 정확하게 파악하세요. 그리고 숨을 내뱉을 때마다 그 감각들을 의식적으로 놓아주세요. 호흡의 패턴을 주의 깊게 관찰하고, 불안과 어떤 관련이 있는지 살펴보세요. 길고 천천히 복식 호흡하세요(70~71쪽 참고). 그래도 여전히 불안한 생각이

괴롭힌다면 그 생각들에 확언으로 반박하는 연습을 해봅시다(다음 페이지 참고). 이 또한 도움이 되지 않는다면 그저 휴식과 멈춤이 처음에는 불편할 수 있다는 점을 알아주세요. 불편한 감각, 긴장, 그리고 불안한 생각 패턴들을 받아들이세요. 개입하지 말고 멀리서 목격하세요. 다음의 시도도 좋습니다.

● **감각과 생각이 그대로 존재하도록** 놔두세요. 왔다가 가도록 두세요. 정체가 무엇이든 신경 쓰지 말아 보세요. 그저 지켜보세요.

● **감각과 생각으로 또 다른 이야기를** 지어내지 마세요. 당황할 필요 없습니다. 계속해서 지켜보고, 호흡하고, 놓아주세요. 생각은 여러분을 해칠 수 없습니다.

다른 시도 해보기

그래도 여전히 불안과 마주하고 있다면 명상 시간을 줄여보세요. 경행(90~91쪽), 요가 아사나(94~95쪽), 태극권(96~97쪽), 허밍 비 프라나야마(88~89쪽) 등 보다 역동적인 기법을 시도하는 것도 좋습니다.

> "휴식이 당신을 불안하게 만든다면
> 혼자가 아니라는 사실을 떠올려보세요."

생각의 재구성

휴식과 관련된 불안은 보통 다음과 같이 짜증나는 생각들 때문에 생겨납니다. 몸과 호흡을 진정시킨 뒤에도
여전히 불안한 생각이 여러분을 괴롭힌다면 그 생각들에 확언으로 반박하는 연습을 해보세요.

불안한 생각		확언
"시간 낭비야."		"명상은 시간을 잘 쓰는 방법이지!"
"몸이 너무 조용하고 호흡이 너무 깊어…. 무섭잖아!"		"편안하게 휴식하고 침묵 속으로 들어가 보자. 평화롭고, 즐겁고, 유익하고, 안심돼."
"이 이상한 감각은 뭐지? 정상인가? 제대로 하고 있는 건가?"		"무슨 일이 일어나든 다 괜찮아. 나는 안전해. 나는 감각의 목격자야."

다양한
명상 방법

당신만의 길

가장 잘 맞는 명상법 찾기

이번 장에서는 다양한 명상 기법들을 살펴보겠습니다.
처음에는 하나를 고르기 어려워 보일 수도 있지만, 시간을 들여
생각하고 탐험하는 것만으로 좋은 시작이 될 수 있습니다.

이번 장에서 소개하는 명상들은 다양한 주류 전통에서
가장 널리 사용하는 기법들이며, 모두 종교적 성질 없이
수행할 수 있는 방법들입니다. 카테고리는 주로 사용되는
감각 경로에 따라 분류해두었습니다. 우선 모든 감각
경로를 동시에 사용하는 기법을 살펴본 뒤, 몸과 감각,
호흡, 시각, 청각, 마음, 그리고 심장에 집중하는 기법을
살펴보겠습니다. 이러한 기법들은 살아가는 동안 언제든
변할 수 있는 우리의 욕구, 성격, 목표에 적합하도록
오랜 시간에 걸쳐 발전해온 방식들입니다. 각 기법에는
스트레스와 걱정 완화(24~27쪽 참고) 등 다수의 명상
기법이 공통저으로 주는 효과도 있지만, 저마다 독특한
특징과 느낌, 효과가 있으므로 여러분에게 가장 잘 맞는
방법을 택하는 것이 중요합니다.

단체 명상

이번 장에서 소개하는 명상 기법들은 모두 집에서 혼자
수행할 수 있는 방법들입니다. 그러나 지도자 혹은
다른 명상가들과 함께 명상하는 편이 더 좋다고 믿는
사람들도 있습니다. 예컨대 초월명상(TM)은 초월명상
기관의 인증을 받은 지도자에게서만 배울 수 있으므로
이번 장에서는 다루지 않았습니다. 키르탄 노래
명상(178~179쪽 참고)이라는 독특하고 중요한 기법 또한
단체로 수행할 때 가장 좋으므로 여기에서는 다루지
않았습니다.

세 가지 핵심 기술

명상은 알아차림, 휴식, 집중과 관련된 행위입니다.
이 기술들은 어떤 형태로든 모든 명상 기법에
포함되어 있습니다. 그러나 가장 많이 활용하는
기술은 각 명상 기법마다 다릅니다. 때문에 기법을
고를 때 이를 염두에 두는 것이 좋습니다.
이번 장에서 각 기법을 소개할 때마다 '주요 사실'
박스에 해당 기법에서 가장 많이 활용하는 기술을
적어두었습니다. 각 명상법의 차이를 이해하는 데
도움이 될 것입니다. 단 몇몇 기법은 하나 이상의
범주에 속할 수 있다는 점을 유념해주세요.

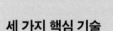

"당신이 경험하는 명상과
그 효과는 당신이 선택하는
명상법에 따라 달라집니다."

기법 선택하기

방법은 단 한 가지, 스스로 실험해보는 방법뿐입니다.
사람들은 제각기 다르므로 '모두에게 가장 좋은'
명상법은 있을 수 없습니다. 다음의 단계를 따라간다면
여러분의 성질과 욕구, 목표에 따라 어느 기법이 가장
적절한지 찾는 데 도움이 될 것입니다.

우선 명상으로 무엇을 얻고 싶은지 생각해보세요. 어떤
효과를 원하나요? 스트레스 완화? 내면의 자아 탐구?
기억력 및 집중력 향상? 또 여러분은 몸과 마음, 심장 중
어디에 가장 이끌리나요? 명상 수행을 통한 경험과 느낌
중 어떤 것이 가장 소중한가요? 평화? 평정심? 사랑과
관계? 고요함? 맑은 정신과 통찰? 안정감? 나아가 어떤
기술을 가장 잘 연마하고 싶은가요? 알아차림, 휴식, 혹은
집중인가요(이전 페이지 참고)?

이번 장에서 소개하는 기법들을 읽어본 뒤 마음에 드는
기법을 골라 하나 당 사나흘씩 연습해보세요. 그리고
결과를 기록하세요.

앞으로 더 탐구하고 싶은 기법 2~4개를 고른 뒤 하나 당
2주에서 한 달 간 연습하세요.

이 기법들에 대하여 더 알아보고 가능하다면 다른
명상가나 지도자와 이야기를 나누어보세요.

마지막으로 매일 수행할 핵심 기법 한 가지를
선택하세요. 종종 다른 기법들을 시도하는 것도 좋지만,
평상시에는 한 가지 기법에 집중하는 것이 수행을
발전시키는 데 도움이 됩니다.

당신만의 길

마음챙김 명상

지금 이 순간 알아차리기

마음챙김 명상은 판단하지 않는 알아차림 기술을 이용한 명상입니다.
불필요한 반응을 보이지 않고 그저 사물을 시야에 담는 것이죠.
이 기법은 마음챙김의 다양한 요소들을 포함하는 인기 있는 좌식 명상 기법입니다.

이 명상법을 선택하는 이유

마음챙김은 서양에서 가장 흔히 사용하는 명상 기법 중
하나이며, 본질적으로 종교와 관련이 없습니다.
이 방법은 지금 이 순간을 보다 잘 딛고 설 수 있는
방법이자 몸과 마음이 작동하는 방식을 판단하지 않고
알아차리는 기술을 훈련하는 간단한 방법입니다.
예컨대 비가 오는데 우산이 없다고 상상해보세요.
몸이 긴장되고, 짜증이 나거나 속상해질 겁니다.
마음챙김을 통한다면 그저 비가 온다는 사실을
알아차리고, 몸이 긴장되는 동시에 마음이 짜증스러운
생각을 만들어내는 것을 알아차리면 됩니다. 짜증스러운
생각 속을 맹목적으로 헤매지도 않고, 생각에 대한 해석을
겹겹이 덧칠하지도 않습니다. 있는 그대로를 판단하지
않고 알아차리며 받아들이는 것이 바로 마음챙김입니다.

01
편안한 명상 자세로 가만히
앉으세요. 눈을 감아도 좋고
뜨고 있어도 좋습니다. 코를
통해 세 번 심호흡하세요.
숨을 내뱉을 때마디 몸을
이완하세요.

02
호흡에 주의를 집중한 채
부드럽게 머물러보세요.
주변의 소리나 몸의 감각,
떠오르는 생각 등 다른
요소들이 신경쓰이더라도
어느 정도는 계속 호흡에
주의를 기울여보세요.

주요 사실

핵심 몸과 마음에 일어나는 모든 일들을 매
순간 판단하지 않고 알아차리기, 호흡 이용

감각 경로 다중 경로, 호흡

기술 알아차림

전통 불교, 세속 명상

유사 기법 미니 명상 3, 위빠사나, 내면의
침묵, 이름 붙이기, 좌선

08
준비가 되었다면
부드럽게 몸을
움직이며 명상을
마무리하세요.

07
마지막으로 마음을 알아차려보세요.
마음은 계속해서 생각을 만들어내고
있을 겁니다. 생각이 왔다 가는
모습을 지켜보세요. 단 생각을
이해하려 하지 마세요. 계속해서
모든 것을 알아차리되 그 무엇도
붙잡지 마세요. 명상을 하는 동안
계속 호흡에 주의를 기울이세요.

"마음의 방황을 눈치 챌 때마다
그저 알아차린 뒤 다시 호흡에
주의를 기울이세요."

06
그 다음 몸의 감각을
알아차려보세요.
고통, 기쁨, 더움,
추움, 긴장, 이완 등을
알아차려보세요.

83

마음챙김 명상

05
먼저 주변 환경을
알아차려보세요. 귓가에
들려오는 주변 소리를 있는
그대로 알아차려보세요.
머릿속에서 소리에 대한
반응이 일어나더라도 그대로
알아차리고 받아들이세요.

04
호흡에 계속 집중해도 좋고,
다음 단계로 넘어가도 좋습니다.
우선 의식을 개방하여 주변 환경,
몸과 마음으로 넓혀봅시다.
단 여전히 호흡에도 주의를 기울여야
합니다. 떠오르는 모든 것들을
판단하지 말고 알아차려보세요.

03
콧구멍을 통해 공기가 오가는
감각, 혹은 가슴이나 배에
호흡이 지나다니는 감각을
관찰해보세요. 숨을 내뱉을
때마다 '10'부터 '1'까지
호흡을 셈하여 지금 이
순간에 존재해보세요.

좌선

지금 이곳에 앉아있기

좌선은 호흡에 대한 집중, 질문이나 선언 또는 수수께끼(선문답)에 대한 사색을 포함하는 방법도 있고, 그저 가만히 앉아있는 방법(묵조선)도 있습니다. 가만히 앉아있는 데에는 아무 목적이 없으며, 열린 마음으로 지금 이 순간을 알아차리는 행위입니다.

이 명상법을 선택하는 이유

좌선은 지금 이 순간 열린 마음, 알아차리는 마음을 담는 그릇인 몸의 자세를 강조합니다. 좌선은 가만히 앉아있는 행동을 통하여 자신의 마음과 인생을 파노라마처럼 알아차리는 훈련입니다. 매우 간단하고 직접적인 이 명상은 있는 그대로가 궁극적인 현실이라는 관념에 기초합니다. 모든 존재는 본질적으로 부처이며, 가만히 앉아있는 수양은 내재된 부처를 실현하는 방식입니다. 여기에서는 우선 수양하기에 적절한 마음상태에 도달하는 방법을 알아보겠습니다.

> **주요 사실**
>
> **핵심** 현재를 파노라마처럼 알아차림, 무상무념으로 앉아있기
>
> **감각 경로** 다중 경로, 호흡
>
> **기술** 알아차림, 집중
>
> **전통** 불교, 특히 선불교
>
> **유사 기법** 마음챙김, 위빠사나

03
무상무념의 태도로 모든 생각을 놓아주세요. 모든 것들을 그대로 두세요. 현재의 순간에 편안히 휴식하면서, 마음속에 떠오르는 모든 것들을 계속해서 파노라마처럼 알아차려보세요. 단 무엇도 자세히 들여다보지 마세요. 몸과 마음을 내려놓는 과정입니다.

01
벽을 보고 등받이 없이 곧게 앉아 허리와 목을 일직선으로 폅니다. 손은 디야나 무드라(73쪽 참고) 자세를 취합니다. 귀와 어깨, 코와 배꼽을 일직선상에 두세요.

02
혀를 입천장에 댄 뒤 입을 다무세요. 눈은 반만 뜨고, 시선은 정면의 바닥이나 벽에 두세요.

05

분석하거나 개념화하지 마세요. 그저 그 모든 것들과 함께 가만히 앉아있으세요. 생각이 떠오르면 하늘의 구름처럼 지나가게 놔두세요.

06

명심하세요. 잠들어서도 안 되고, 생각에 빠져도 안 됩니다. 계속해서 자세에 주의를 기울이고, 지금 이곳을 파노라마처럼 혹은 드문드문 알아차리는 데 주의를 기울이세요.

04

의식을 확장하여 온몸과 마음, 주변을 알아차려보세요. 모든 것들이 주의에 들게 내버려두되, 무엇도 당기거나 밀어내지 마세요.

07

좌선을 통해 무엇을 얻겠다고 생각하지 말고 그저 앉아있으세요. 모든 기대와 욕망을 놓아주고, 있는 그대로의 현실에 마음을 열어 지금 이곳에 존재해보세요. 좌선은 무언가를 이루어줄 도구가 아니며 특별한 존재가 되기 위한 방법도, 특정 목적을 위한 수단도 아닙니다.

08

준비가 되었다면 수행에 대하여 감사하는 마음으로 합장한 뒤 천천히 좌선에서 벗어나세요.

"생각에 관여하지도 말고 생각을 억누르지도 마세요. 판단하지 말고 그저 수동적으로 지켜보세요."

위빠사나

무상에 관한 통찰

위빠사나(Vipassana)는 빨리어로 '꿰뚫어 봄' 혹은 '통찰'을 의미합니다. 이 기법은 사마타(Samatha)와 함께 불교 고유의 명상법으로 꼽힙니다. 위빠사나의 기본은 집중이지만, 목표는 집중이 아니라 통찰과 알아차림, 그리고 놓아주기입니다.

이 명상법을 선택하는 이유

위빠사나의 주된 목적은 진정이나 휴식이 아니라 몸과 마음, 감각들의 본질을 통찰하고 있는 그대로의 현실을 일깨우는 것입니다. 수행이 깊어질수록 인격과 자아감, 세계관을 진정으로 재구성하게 될 것입니다. 대부분의 기법과 마찬가지로 위빠사나에도 다양한 기법이 있습니다. 여기에서 살펴볼 것은 위빠사나 운동(Vipassana Movement)의 가르침에 가장 가까운 방법입니다. 호흡의 알아차림과 함께 생각과 감정에 대한 마음챙김 기술이 포함됩니다. 존재의 세 가지 특성인 무상(無常), 고통, 그리고 무아(無我)를 깨닫는 데 방점을 둡니다.

02
호흡의 감각, 특히 배와 가슴이 오르내리는 감각에 주의를 기울여보세요. 숨결의 모든 움직임에 온 신경을 집중하여 살펴보세요. 얼마간 지났다면 이제 숨결이 콧구멍을 통해 오가는 감각에 주의를 기울여보세요. 만약 주의가 흐트러졌다면 그저 그 사실을 알아채고 다시 호흡에 주의를 기울이세요.

01
명상 자세로 앉아 눈을 감으세요. 코를 통해 세 번 심호흡하세요. 숨을 뱉을 때마다 몸을 이완시키세요.

주요 사실

핵심 마음과 만물의 본질에 대한 통찰, 무상 이해하기, 놓아주기

감각 경로 다중 경로, 호흡

기술 알아차림

전통 불교

유사 기법 마음챙김, 좌선, 내면의 침묵, 이름 붙이기

03

몸의 감각을 살펴보세요. 더움과 추움,
긴장과 이완, 가벼움과 무거움을
느껴보세요. 발견할 때마다 잠시 주의를
기울여보세요. 감각이 얼마나 덧없는지,
얼마나 끊임없이 흐르는지 지켜보세요.
감각이 즐거운지 불쾌한지 아무렇지 않게
느껴지는지 살펴보되 반응하지는 마세요.
있는 그대로를 관찰하세요. 각 감각을 깊이
들여다보면서 감각의 본질을 찾아보세요.

04

이제 마음의 세계에 주의를
기울여보세요. 생각, 느낌, 기억,
욕구, 마음가짐 등 떠오르는
정신적 현상을 관찰해보세요.
떠올랐다가 지나가는 모습을
가만히 지켜보세요. 관여하지도,
거부하지 마세요.

05

생각이 얼마나 덧없고 순간적인지,
얼마나 끊임없이 흐르는지 살펴보세요.
생각은 붙잡으려 하는 순간 사라지고
없습니다. 생각을 자세히 들여다보며
본질을 찾아보세요. 같은 방법으로
전반적인 마음 상태를 관찰하고
살펴보세요. 활동적인지 무기력한지,
산만한지 차분한지, 맑은지 흐릿한지
살펴보세요.

06

준비가 되었다면 천천히
손가락을 움직이고
눈을 뜨면서 명상을
마무리하세요.

"당신은 생각을
알아차리고 있지만,
생각에 대하여
생각하지는 않습니다."

허밍 비 프라나야마

침묵의 소리

프라나야마는 요가에서 행하는 호흡 수행입니다. 명상 준비 단계에서 행하기도 하고, 단독으로도 행합니다. 브라마리(bhramari)라고도 불리는 허밍 비 프라나야마(Humming Bee Pranayama)는 마음을 가라앉히고 의식을 내면으로 돌리는 기법입니다.

이 명상법을 선택하는 이유

프라나야마 수행은 스트레스와 불안 완화, 분노와 우울 경감 등 건강과 행복에 대하여 다양한 효과를 보입니다. 허밍 비 프라나야마에서는 호흡의 끝자락에서 몸과 마음이 내는 미묘한 소리에 귀 기울이는 것으로 명상합니다. 웅웅대는 소리의 떨림이 뇌와 신경계를 진정시켜주고, 집중력을 높여주며, 청량감을 줍니다. 이명이나 귀 염증이 있다면 이 기법을 피하세요.

02
코로 세 번 심호흡하세요. 숨을 내뱉을 때마다 몸이 점점 이완되고 고요해집니다. 입을 다물되 치아가 서로 닿지 않게 하세요.

01
편안한 명상 자세로 앉아 눈을 감으세요.

주요 사실

핵심 몸과 마음을 진정시키는 리드미컬 호흡

감각 경로 호흡

기술 휴식, 알아차림

전통 요가, 특히 나다 요가 또는 소리 요가

유사 기법 교호 호흡

04

코로 천천히 숨을 마시고 천천히 내뱉으면서 일정하고 부드럽게 "음~" 소리를 내보세요. 머리와 가슴의 진동을 느껴보세요. 일곱 번 수행한 뒤, 이제 직접 소리를 내지 않고 마음속으로만 세 번 더 해보세요.

05

팔을 내려 무릎에 올려두세요. 눈을 감고 그 자세 그대로 잠시 머무르세요. 마음속에 되풀이되는 소리를 놓아주세요. 이제 몸이나 마음 내부에서 들리는 소리에 귀 기울여보세요. '나'라는 온 존재가 귀가 되어 내면을 향한다고 상상하세요.

03

엄지나 검지로 양 귀를 막고 팔꿈치를 들고 있으세요(아래 참고).

06

웅웅 소리나 백색소음, 심장 소리가 들릴 수도 있고, 아무것도 들리지 않을 수도 있습니다. 어느 쪽이든 상관없습니다. 미묘한 소리가 들린다면 그 소리에 정신을 집중하세요. 들리지 않는다면 기대는 말되 무한한 인내를 가지고 계속 귀 기울이세요.

hmmmmmmmmmmmmmm

07

이제 몸에 주의를 기울이세요. 몸이 바닥이나 스툴, 의자와 닿아있음을 느껴보세요. 호흡에 주의를 기울여 있는 그대로를 알아차리세요. 준비가 되었다면 천천히 몸을 움직이고 눈을 뜨면서 명상을 마무리하세요.

"아무것도 안 들려도 괜찮습니다. 핵심은 수용력 기르기니까요."

경행

걷기 선

'걷기 선(禪)'으로도 알려진 경행은 호흡에 집중하면서 발걸음과 박자를 맞추는 역동적인 명상 기법입니다. 알아차림의 대부분은 호흡에 두고 주변 환경에는 약간만 둡니다.

주요 사실

핵심 심호흡에 초점을 맞춘 걷기 명상

감각 경로 호흡, 몸과 감각

기술 집중

전통 불교, 특히 선불교

유사 기법 좌선, 마음챙김, 태극권

이 명상법을 선택하는 이유

역동적 명상 기법인 경행은 특히 가만히 앉아있기 힘들어하는 사람들에게 좋은 방법입니다. 또한 명상 피정에서도 앉아서 하는 명상 사이사이에 다리를 쉬기 위하여 이 방법을 흔히 사용합니다. 몇몇 선불교 종파에서는 걸음을 매우 느리게 하고(호흡 당 반걸음), 몇몇은 보다 빠르게 합니다(호흡 당 수 걸음). 여기에서는 느린 방법을 살펴보지만, 속도와 리듬을 달리 하면서 마음에 어떤 영향이 가는지 실험해보아도 좋습니다.

04
하늘에서 내려온 실이 머리 위쪽을 부드럽게 잡아당기고 있다고 상상해보세요. 목을 곧게 펴는 데 도움이 됩니다.

03
손은 차수 자세를 취하세요(다음 페이지 참고).

02
똑바로 서되 몸의 긴장을 푸세요. 안정적이지만 이완된 느낌이어야 합니다.

01
다리를 골반 너비로 벌리고 서세요. 두 다리에 고르게 무게를 실으세요.

"명상하는 동안 온몸을 안정적이고 곧게 정렬하세요."

05
대여섯 걸음 앞을 응시하되 특정 사물에 초점을 맞추지는 마세요. 얼굴과 어깨, 엉덩이 근육의 힘을 빼세요.

06
숨을 내뱉을 때마다 오른쪽 발부터 반걸음 걸어 나가세요(아래 참고). 호흡과 걸음에 주의를 집중하세요.

07
앉아서 명상할 때처럼 생각들이 지나가도록 놔두세요. 단 계속해서 호흡에 주의를 기울이세요. 준비가 되었다면 수행에 대한 예를 갖추어 인사하고 고개를 든 뒤 걸어가세요.

왼손은 엄지손가락을 말아 쥡니다.

팔꿈치를 몸에서 멀리 떼어 바닥과 평행이 되도록 듭니다.

오른손으로 왼손을 감싸 쥡니다. 오른손 엄지 끝을 왼손 엄지 뿌리 부근에 둡니다.

손은 배꼽이나 명치 높이로 듭니다.

자세 원칙
상단의 설명을 따라 차수 자세를 취하세요. 안정적이고 곧으며 이완되고 편안한 느낌을 유지하세요(67쪽).

발꿈치를 반대 발 끝 옆에 디뎌 반걸음씩 걸으세요.

요가 니드라

전신 훑어보고 깊이 휴식하기

탄트라(Tantra) 수행에 기초를 둔 변형된 요가 니드라(Yoga Nidra) 수행은
전신 훑어보기(body scan)와 시각화를 통해 깊은 휴식 상태를 구합니다.
명상 지도 음성에 따라 하는 것도 도움이 될 수 있습니다.

이 명상법을 선택하는 이유

요가 니드라는 근육, 감정, 혹은 정신의 모든 긴장을 풀고
마음의 무의식적 상태를 알아차리며 보다 깊은 명상
상태를 위해 마음의 준비를 하는 데 목적이 있습니다.
잠재의식 깊이 각오(상칼파)를 새겨 개인의 변화를
도모하는 데에도 도움이 됩니다. 시작하기에 앞서
각오를 정하세요. 살아가면서 헌신할 무언가를 간명하고
확실하게 선언하세요. 이루어낼 때까지 한 가지 각오를
고수하는 게 좋습니다.

02
잠시 주변의 소리에 주의를
기울여보세요. 소리마다 몇
초씩 머물러보되 판단하지
않습니다. 이후 다음 소리로
넘어가세요.

01
척추와 목이 일직선이 되게 누워 발을
골반 너비로 벌리고 팔을 쭉 뻗어
손바닥이 하늘을 향하게 두세요.
목 뒤에 쿠션을 두어도 좋고, 몸을
담요로 덮어도 좋습니다. 이제 눈을
감고 몸을 바닥에 맡기세요. 명상하는
동안 잠들지도, 몸을 움직이지도
않겠다고 다짐하세요.

주요 사실

핵심 전신 훑어보기, 각오, 시각화를 통한
누워서 하는 명상

감각 경로 몸, 감각

기술 휴식, 알아차림

전통 요가

유사 기법 마음챙김, 미니 명상 1

"잠재의식에 새길 각오를 신중하게 골라보세요."

03

몸과 바닥이 닿아있음을 알아차려보세요. 발꿈치, 다리 뒷부분, 엉덩이, 등 위쪽, 팔, 머리의 닿음을 느껴보세요.

04

마음속으로 각오를 세 번 되뇌세요. 확신과 결의를 가지고 천천히 말한 뒤 내면 깊이 가라앉도록 놔두세요.

05

몸의 각 부위에 하나씩 주의를 기울여보세요. 마음속으로 부위의 이름을 말하며 2~3초씩 느껴보세요. 오른쪽 발가락부터 시작해서 발바닥, 발등, 발꿈치, 발목, 종아리, 무릎, 허벅지, 엉덩이로 이어집니다. 왼쪽 발과 다리도 똑같이 해주세요.

06

계속해서 배, 가슴, 등, 손과 팔, 목, 머리, 얼굴로 이어가세요. 이제 몸의 큰 부위를 알아차려보세요. 양다리와 양발, 몸통 전체, 양팔과 양손으로 이어집니다. 마지막으로 몸 전체에 주의를 기울여보세요.

요가 니드라

07

다시 호흡에 주의를 기울여보세요. 있는 그대로 관찰한 뒤 '20'부터 '1'까지 호흡을 셈하세요. 다 셌으면 의지와 확신을 가지고 각오를 세 번 말하세요.

09

외부의 소리에 주의를 기울여보세요. 여러분이 지금 어디에 있는지, 주변에 무엇이 있는지 떠올려보세요. 천천히 손가락, 발가락, 몸의 각 부위를 하나씩 움직이세요. 눈을 뜨고 천천히 일어나세요.

08

준비가 되었으면 몸이 바닥과 닿아있음을 다시 한 번 알아차려보세요. 호흡할 때 몸의 움직임을 살펴보세요. 조금 더 깊게 호흡하면서 몸의 움직임을 살펴보세요.

요가 아사나

다양한 자세로 멈추기

요가를 단순히 스트레칭과 자세 취하기라고
생각하는 사람들도 많지만, 아사나(asana)는
그 자체로 역동적인 명상이 될 수 있습니다.
아사나는 짧은 명상, 혹은 앉아서 하는 명상의
준비 명상으로 좋습니다.

이 명상법을 선택하는 이유

요가 아사나는 몸과 매우 밀접한 사람, 성격이
활동적인 사람, 가만히 앉아있기 힘들어하는
사람에게 특히 좋습니다. 여기서 소개하는 자세처럼
보다 쉬운 아사나부터 시작하세요. 이완과 집중에
도움이 될 겁니다. 자세를 취할 때 명상의 핵심
요소인 집중, 알아차림, 휴식을 행해야 합니다.
요가 아사나 명상을 하려면 우선 몸과 호흡에 주의를
집중한 뒤, 각 자세를 천천히 신중하게 취합니다.
마지막 자세에서 몸을 이완하고 가만히 멈추세요.
몸이 뻣뻣해지거나 긴장하면 안 됩니다. 한두 자세를
취한다면 몇 분 간, 여러 자세를 취한다면 60초
이상 가만히 계세요. 몸이 좋지 않다면 먼저 의사와
상담하세요.

> **주요 사실**
>
> **핵심** 깊은 휴식 배우기, 각기 다른 자세에서
> 고요 찾기
>
> **감각 경로** 몸과 감각, 호흡
>
> **기술** 휴식, 알아차림
>
> **전통** 요가
>
> **유사 기법** 태극권, 경행

01
곧게 서서 멀리 한
지점을 바라보세요.
균형과 집중에 도움이
됩니다.

03
두 손을 가슴 앞으로
모읍니다. 난이도를
높이려면 머리 위로 올려
모으세요.

04
마지막 자세에서 몸을
이완하고 눈의 초점을
맞추세요. 응시 지점,
전신 알아차림과 호흡,
혹은 미간(제3의 눈
차크라)을 명상 대상으로
삼아 초점을 맞추세요.

02
한 다리를 구부려
발바닥을 무릎 아래
종아리에 붙이세요.
난이도를 높이려면
허벅지에 붙이세요.

나무 자세(브륵샤아사나)

나무 자세로 균형을 잡으면 집중에 도움이
됩니다. 자세가 너무 쉽다면 난이도를 높일 수
있습니다(상단 참고). 균형을 잡으려면 이완, 전신
알아차림, 평온한 마음이 필요합니다. 모두
명상에 도움이 되는 요소들이죠.

01
곧게 엎드려 누우세요.

02
상체를 들어 올려
바닥에 팔꿈치를
대고 양손에 머리를
기대세요.

03
엄지발가락끼리
붙이되 발은
떨어뜨리세요.

04
정면의 허공을 응시하세요.
눈을 고정한 채 완전히 이완시키세요.
어디에도 초점을 맞추지 말고,
시선과 마음을 허공에 두세요.
그 알아차림에 대하여 생각해보세요.

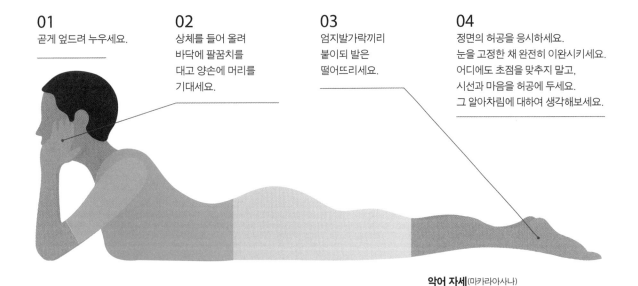

악어 자세(마카라아사나)

악어 자세에서 알아차림을 연마하려면
의식을 초연하게 열어둔 채 '그저 존재'하는
데 초점을 맞추세요. 휴식하려면 몸에
집중한 채 근육이 늘어나고 이완하는 감각에
집중하세요.

95

01
바닥에 무릎을
꿇고 앉으세요.
발목을 펴고 다리와
무릎이 서로 맞닿게
하세요.

02
이마가 바닥에
닿을 때까지 몸을
숙이세요.

03
양팔을 다리 옆에,
양손을 발 옆에 놓고
손바닥이 하늘을 보게
두세요.

04
눈을 감으세요. 어깨와
등, 다리, 팔의 힘을
빼세요.

05
모든 긴장을 풀고, 숨을
뱉을 때마다 점점 더
이완하세요.

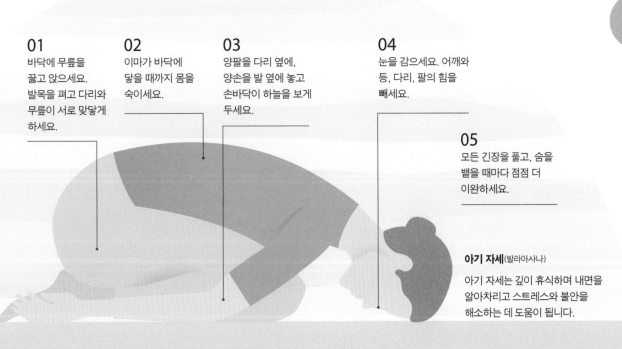

아기 자세(발라아사나)

아기 자세는 깊이 휴식하며 내면을
알아차리고 스트레스와 불안을
해소하는 데 도움이 됩니다.

태극권

나무처럼 서기

태극권은 도교에서 기원한 중국 무술입니다. 본래 호신술이었던 태극권은 오늘날 건강을 챙기고 몸과 마음의 조화를 찾는 데 활용됩니다. '나무처럼 서기(참장)'는 명상에도 좋은 자세입니다.

이 명상법을 선택하는 이유

집중해서 느리게 움직이는 태극권 동작은 스트레스 해소와 정신 수양에 좋다고 알려져 있으며, 평안함과 동작의 유동성을 경험하는 데 도움이 됩니다. 또한 몸과 마음을 하나로 만들고, 유연성과 균형 감각을 길러줍니다. 참장은 본래 건강과 내면의 힘을 기르고 몸의 기 순환을 촉진하기 위한 동작입니다. 신경 쓸 게 많은 동작이므로 현재에 집중하는 데에도 도움이 됩니다. 1~10분 동안 자세를 유지해보세요. 오랜 시간 자세를 유지하면서 호흡에 집중한다면 몸과 마음에 차오르는 활력을 느낄 수 있을 겁니다. 완전하고 안정적이며 완벽하게 균형을 잡는다면 작은 근육도 움직이지 않고 싶어질 겁니다. 평화와 맑은 정신, 그리고 내면의 힘이 함께할 것입니다.

03
척추와 목은 곧게 펴세요. 보이지 않는 실이 하늘에서 머리 위를 살며시 잡아당기고 있다고 상상해보세요.

02
몸을 살짝 숙이고 무릎을 구부리되 무릎이 발끝을 넘지 않게 하세요. 골반을 뒤로 살짝 내밀어 허리를 부드럽게 둥글리세요.

01
다리를 골반 너비로 벌리고 똑바로 서세요. 발끝은 앞을 향해 나란히 두세요. 발가락을 펴고 마치 바닥을 그러쥔다고 상상해보세요.

주요 사실

핵심 고요하고 균형 잡힌 멈춤 자세를 취하여 마음의 균형 잡기

감각 경로 몸과 감각, 호흡

기술 휴식

전통 도교

유사 기법 요가 아사나, 경행

> "몸과 마음 모두 부드럽고 안정적이며 이완되고 깨어있습니다."

04

눈을 떠도 좋고 감아도 좋지만, 반쯤 뜨고 정면을 편안히 응시하는 게 가장 좋습니다.

05

입을 다물되 이는 다물지 마세요. 코로 숨 쉬세요.

06

팔을 어깨 높이로 들어 원을 그리세요. 큰 공이나 나무를 껴안고 있다고 상상하세요. 손가락 끝이 서로 마주보게 드세요.

07

자세가 둥글고 편안하며 안정적인 느낌이 들어야 합니다. 뻣뻣하거나 불안정한 곳, 각진 곳은 없는지 확인하고 고치세요. 이제 나무처럼 가만히 서있으세요. 자세를 따라 이완하면서 몸과 마음, 감정의 모든 긴장을 푸세요.

08

몸의 무게가 다리에, 바닥에 실리는 것을 느껴보세요. 다리와 발로 바닥을 완전히 딛겠다는 마음을 가져보세요.

09

전신에 주의를 집중해보세요. 몸을 살피면서 자세와 정신적 태도가 흐트러지지 않았는지 살피세요.

10

한동안 몸에 주의를 집중하며 현재의 순간에서 휴식하세요. 마음이 몸에 집중해있고 몸이 균형 잡힌 채 멈추어있다면 마음도 균형을 찾아 진정될 것입니다.

태극권

내관

몸의 내면 탐험하기

7·8세기경부터 시작된 내관(內觀)은 도교 명상의 다섯 가지 주요 수행 중 하나입니다. 내관은 시각화와 몸 내면에 대한 감각을 이용하는 정교한 수행 방법으로 여기에서는 간단한 변형 기법을 살펴보겠습니다.

이 명상법을 선택하는 이유

내관에서는 중국 전통 의학의 주요 장기 다섯 가지를 느끼고 시각화합니다. 각 장기를 각각의 색과 감정, 그리고 중국 사상의 다섯 요소 중 하나와 연결합니다. 이는 몸과 보다 심오하게 연결될 수 있도록 도와줍니다. 이미지가 떠오르지 않나요? 보겠다는 의지를 가지는 것만으로 충분합니다. 혼자서 수행해도 좋지만, 수행을 심화하고 싶다면 도교 공동체에 가입하는 게 가장 좋습니다.

주요 사실

핵심 몸의 내면을 시각화하고 느낌

감각 경로 몸과 감각, 시각

기술 알아차림

전통 도교

유사 기법 시각화, 요가 니드라, 쿤달리니

02

1분간 몸의 중앙에 주의를 집중하세요. 마음이 가라앉게 두세요. 이제 몸의 내면을 느껴보세요. 몇 분 정도 감각을 고른 뒤 '마음의 눈'을 떠 몸의 내부를 느끼면서 살펴보세요.

01

편안한 자세로 앉으세요. 눈을 감고 코로 세 번 심호흡하세요. 숨을 뱉을 때마다 몸의 긴장을 풀고 멈추세요.

"각 단계에 너무 연연하지 마세요.
열린 마음으로 다가가보세요."

03

심장부터 각 장기를 하나씩
알아차리면서 장기에 감사한 마음을
가져보세요. 심장은 불의 요소, 붉은색,
그리고 흥분의 감정과 관련이 있습니다.
이러한 연관성을 느껴보고, 몸속에
흥분이 있다면 놓아주세요.

04

이제 폐로 옮겨갑니다. 폐는 철, 흰색 혹은
은색, 슬픔과 관련이 있습니다.
이런 연관성을 느껴보고 몸속에 슬픔이
있다면 놓아주세요.

05

이번에는 비장에 주의를 집중하세요.
흙, 노란색, 걱정과 관련이 있습니다.
이 연관성을 느껴보고 걱정을 놓아주세요.

06

신장에 주의를 집중하세요. 물, 파란색,
두려움과 관련이 있습니다. 이러한
연관성을 느껴보고 두려움을 놓아주세요.

07

간에 주의를 집중하세요. 나무, 초록색,
분노와 관련이 있습니다. 연관성을
느껴보고 모든 분노를 놓아주세요.

08

이제 몸 전체의 내면과 외면을
알아차려보세요. 몸이라는 그릇에 삶을
담았음에 감사하고, 이토록 복잡한 몸이 잘
움직이는 데 감사해보세요. 준비가 되었다면
천천히 손가락을 움직이고 눈을 뜨세요.

쿤달리니

뱀의 힘과 차크라

쿤달리니(Kundalini)는 뿌리 차크라가 있는 척추 끝에 도사리는 심리적·정신적 에너지를 말합니다. 여기에서는 만트라와 시각화를 따라 각각의 차크라에 의식을 집중해봅시다.

이 명상법을 선택하는 이유

쿤달리니는 '휘감겨있다'는 의미로 똬리를 튼 뱀이 쿤달리니의 상징입니다. 몸과 마음의 정화, 차크라(에너지 중심점)의 활성화와 정화, 쿤달리니 에너지 각성, 그리고 머리 위 왕관 차크라까지 모든 차크라를 통해 에너지를 일으키는 것이 수행의 목적입니다. 여기서 살펴볼 명상법은 여러 쿤달리니 수행 중 하나를 간단하게 변형한 방법입니다. 전통적 쿤달리니는 매우 복잡하므로 명상 수행에 앞서 전문 지도자를 찾는 것이 좋습니다. 그게 어렵다면 명상 시간을 짧게 하고, 부정적인 효과가 느껴진다면 즉시 중단하는 것이 좋습니다.

04
태양신경총 차크라에 집중합니다. 그곳에 작열하는 노란 태양을 그리세요. "람(ram)" 만트라를 되뇌세요.

03
천골 차크라에 집중합니다. 그곳에 초승달 모양을 그리세요. "밤(vam)" 만트라를 되뇌세요.

02
뿌리 차크라에 집중합니다. 그곳에 붉은색 역삼각형을 마음속으로 그려보세요. "람(lam)" 만트라를 되뇌세요.

01
명상 자세로 편안하게 앉습니다. 눈을 감고 코로 세 번 심호흡합니다. 숨을 뱉을 때마다 몸을 가만히 이완시킵니다. 마음이 진정될 때까지 몇 분 간 전신에 집중합니다.

주요 사실

핵심 몸 곳곳의 차크라를 거쳐 마음 움직이기, 시각화와 만트라 이용

감각 경로 몸과 감각, 시각, 청각

기술 집중

전통 요가, 특히 탄트라 요가와 크리야 요가

유사 기법 제3의 눈 명상, 만트라, 시각화

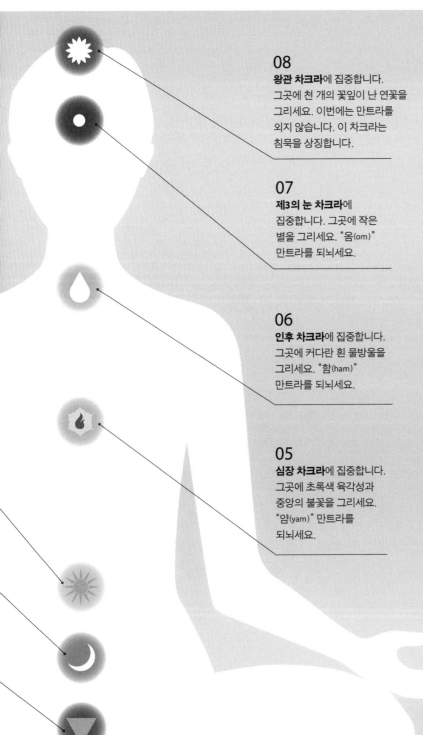

08
왕관 차크라에 집중합니다.
그곳에 천 개의 꽃잎이 난 연꽃을
그리세요. 이번에는 만트라를
외지 않습니다. 이 차크라는
침묵을 상징합니다.

09
일곱 개의 차크라를 천천히
거슬러 뿌리 차크라까지
의식을 이동하며
차크라마다 각 만트라를 세
번씩 되뇌세요.

07
제3의 눈 차크라에
집중합니다. 그곳에 작은
별을 그리세요. "옴(om)"
만트라를 되뇌세요.

10
잠시간 온몸과 호흡의
움직임을 살펴보세요. 천천히
손가락을 움직인 뒤 눈을 뜨며
명상을 마무리하세요.

06
인후 차크라에 집중합니다.
그곳에 커다란 흰 물방울을
그리세요. "함(ham)"
만트라를 되뇌세요.

05
심장 차크라에 집중합니다.
그곳에 초록색 육각성과
중앙의 불꽃을 그리세요.
"얌(yam)" 만트라를
되뇌세요.

트라타카

응시의 힘

동공을 움직이지 않고 가만히 응시하는 것은 마음을 가라앉히고 집중력을 기를 수 있는 강력한 방법입니다. 응시 명상은 만트라, 호흡과 함께 다수의 명상 전통에서 활용됩니다. 여기서 살펴볼 기법은 요가 전통에서 나온 것으로 촛불을 대상으로 삼습니다.

03
충분히 이완되었다면 부드럽게 눈을 뜨고 심지 끝부분에 시선을 두세요. 눈 근육을 완전히 이완한 채 가만히 두세요.

01
어두운 방 안, 자기 눈높이에 촛불을 두고 두 발자국 떨어져 앉으세요. 외풍이 들지 않는 고요한 곳이어야 합니다. 편안한 자세로 가만히 앉아 눈을 감으세요.

02
코로 세 번 심호흡하세요. 숨을 뱉을 때마다 몸을 가만히 이완하세요.

> **"눈을 깜빡이지 않는 데 집중하지 마세요. 대신 눈을 편안하게 가만히 둔다는 마음을 가져보세요."**

이 명상법을 선택하는 이유

트라타카(Trataka)는 집중, 초점, 시각화를 기를 수 있는 기법이며, 다른 수행의 기초를 닦아주기도 합니다. 촛불이나 달 같은 발광체가 보다 집중하기 쉽지만, 벽 위의 점이나 이미지, 나뭇잎 등 거의 모든 사물을 활용할 수 있습니다. 발광체를 대상으로 매일 수련한다면 두 달 걸러 한두 달은 빛나지 않는 물체를 대상으로 수행하면서 눈을 쉬어주세요. 또한 백내장, 녹내장, 근시, 난시, 뇌전증 등이 있는 사람은 촛불을 이용하면 안 됩니다.

주요 사실

핵심 대상 물체 응시하기, 촛불 활용

감각 경로 시각

기술 집중

전통 요가

유사 기법 미니 명상 2, 제3의 눈 명상

04

모든 의식을 촛불에 집중하세요. 마음과 눈이 하나가 됩니다. 온 우주에 그 촛불만이 존재하는 느낌을 느껴보세요.

05

피로하거나 3분이 지났다면 눈을 감으세요. 눈을 감은 채 계속 같은 방향을 바라보세요. 촛불의 잔상이 남아있을 겁니다. 만일 그렇다면 잔상에 집중하세요.

06

잔상이 움직여도 쫓지 마세요. 계속 중앙을 응시하며 대상을 보려 해보세요. 잔상이 사라지더라도 같은 곳을 계속 응시하세요. 다시 나타날 수도 있습니다.

07

잔상이 보이지 않거나 금세 사라지더라도 걱정하지 마세요. 마음의 검은 화면을 계속 쳐다보면서 떠오르는 모든 것을 알아차려보세요.

08

눈이 편안해지고 잔상이 모두 사라졌다면 눈을 뜨세요. 외부와 내부 응시를 다시 한 번 해도 좋습니다.

09

마무리하려면 눈을 감은 상태에서 손바닥을 비빈 뒤 두 눈을 덮으세요. 아래를 내려다 본 뒤 부드럽게 눈 뜨세요. 잠시 어두운 허공을 응시하도록 둔 뒤 명상을 마무리하세요.

시각화

눈 감고 보기

마음의 화면에 형상을 떠올리고 명확하게 보는 일은 상당히 까다로울 수 있지만 집중력을 기르는 데 매우 좋은 방법입니다. 시각화는 다수의 사색 전통에서 사용하는 명상 기법입니다.

이 명상법을 선택하는 이유

시각화 수행은 집중력을 단련해주며 기억력·창의력 향상에도 도움이 됩니다. 발전을 느끼는 데 오랜 시간이 걸릴 수 있지만, 시각화에 통달한다면 눈으로 보는 것만큼이나 진짜 같고 뚜렷한 형상을 마음속에 그릴 수 있게 됩니다. 시각화 수행은 어디서든 또 어떤 자세로든 행할 수 있지만, 앉은 명상 자세에서 1~2분 간 몸을 이완하고 호흡을 고른다면 보다 쉽게 집중할 수 있습니다.

> **주요 사실**
>
> **핵심** 마음속 형상을 만들고 유지시키기
>
> **감각 경로** 시각
>
> **기술** 집중
>
> **전통** 티베트 불교, 요가, 도교 외 다수
>
> **유사 기법** 제3의 눈 명상, 쿤달리니, 의식 확장하기

> "몸과 마음을 가만히 이완시킬수록
> 안정적인 형상을 그릴 수 있습니다."

시각화

풍경

마음의 화면에 하나씩 형상을 더해봅시다.
물체가 너무 많지 않은 풍경을 선택하는 게
좋습니다.

01 눈을 뜨고 시야에 담긴 물체 하나를
1분간 관찰하세요.

02 눈을 감고 그 물체를 마음의 화면 속
같은 위치에 같은 크기로 그려보세요.
1분간 유지해보세요.

03 같은 과정을 두 번 반복합니다.
반복할 때마다 디테일, 색, 선명도를
더해보세요.

04 첫 번째 영상이 사라지지 않은
상태에서 마음의 화면에 다른 물체를
더해봅시다. 첫 번째 물체 옆이나
배경의 다른 물체를 그려 넣어보세요.

05 과정을 반복하여 눈을 떴을 때 보이는
풍경 그대로를 조금씩 마음속에
그려보세요.

06 마무리하려면 온몸에 주의를
집중하고 잠시 호흡을 관찰한 뒤,
천천히 자세에서 벗어나며 눈 뜨세요.

이미지 상기

과거의 사건을 마음속에서 가능한 상세하게
재연해봅시다.

01 눈을 감고 오늘 있었던 일 중 하나를
생각해보세요.

02 그 사건을 마음의 화면에
시각화해보세요. 영화를 보는 것처럼
장면 장면을 떠올려보세요.

03 그곳에 있었던 인물들을 살펴보고,
그들의 옷과 표정을 시각화해보세요.

04 주변에 있었던 사물들과 조명을
시각화해보세요. 나 또한 그림의
일부로 보고 나의 자세와 옷을
떠올려보세요.

05 얼마간 마음속에 그 사건을 그려본
뒤 하나의 장면으로 고정해
유지해보세요. 잘 되지 않더라도
걱정하지 마세요.

06 마무리하려면 온몸에 주의를
집중하고 잠시 호흡을 관찰한 뒤,
천천히 자세에서 벗어나며 눈 뜨세요.

마음의 칠판

마음속 칠판을 시각화하고 그 위에 글자를
써보세요. 마음은 차분하게 이완된 상태를
유지합니다.

01 눈을 감고 칠판을 상상해보세요.
칠판에 무엇이든 쓰고 싶은
단어나 숫자를 써보세요.
5분간 계속하세요.

02 이제 완전한 문장을 써보세요.
좋아하는 명언, 여러분의 생각,
오늘 있었던 일에 관한 이야기 등
무엇이든 좋습니다.

03 마무리하려면 온몸에 주의를
집중하고 잠시 호흡을 관찰한 뒤,
천천히 자세에서 벗어나며 눈
뜨세요.

만다라 명상

잠재의식을 위한 상징

오른쪽 그림과 같은 만다라는 의식을 건너뛰고 잠재의식에서
경험, 느낌, 통찰 등을 불러일으키고자 요가와 불교 명상에서
사용하는 기하학적 상징입니다.

이 명상법을 선택하는 이유

만다라 명상은 깊숙이 파묻힌 마음의 층을 의식적
삶과 하나로 합쳐주는 한편 억눌린 기억에서
해방시켜주는 것으로 알려져 있습니다. 만다라를
고를 때에는 마음에 가장 강렬하게 다가오는 것을
선택하세요. 눈을 감은 채 만다라를 마음속에
그리기가 너무 어렵다면 실제로 만다라를
그리거나 색칠해보는 것도 좋습니다.
이 또한 좋은 준비 명상이자 사색 수행입니다.

106

03
침착하고 안정된 느낌이
든다면 눈을 뜨고 만다라를
보세요. 모든 선과 모양들을
관찰하세요. 구석구석
탐험해보세요. 색, 형태,
패턴을 감상해보세요.

02
잠시간 눈을 감고
심호흡하세요.
숨을 내쉴 때마다
몸을 이완하세요.

01
만다라를 마주보고
명상 자세로 편안하게
앉으세요. 만다라 그림을
손에 들어도 좋고 벽에
붙여도 좋습니다.

주요 사실

핵심 잠재의식에 닿는 수단인 신성한 상징에
대하여 사색하기

감각 경로 시각, 마음

기술 알아차림

전통 요가, 불교

유사 기법 요가 니드라, 쿤달리니, 트라타카

"만다라를 이해하거나 해석하려 하지 마세요.
대신 호기심과 놀라움으로 탐구해보세요."

04

마음을 열고 만다라가 여러분 내면의
무언가를 보여주도록 놔두세요.
만다라가 잠재의식의 말을
들려주도록 놔두세요. 이미지, 느낌,
생각이 떠오르게 두되 판단하지도,
해석하지도 마세요. 그저 목격자가
되어 모든 것을 관찰하세요.

05

만다라의 중심에 시선을 두고 계속
응시하는 것도 명상의 단계를 더하는
좋은 방법입니다. 이렇게 하면 보다
높은 강도로, 또 집중적으로 명상할
수 있습니다. 응시하기 지친다면 잠시
눈을 감고 쉰 뒤 다시 시작해보세요.

06

준비가 되었다면 눈을 감고
몸으로 주의를 돌리세요.
온몸의 하나됨을 느끼세요.
호흡의 패턴을 관찰하세요.
이제 눈을 뜨고 명상을
마무리하세요.

제3의 눈 명상

초의식을 여는 문

제3의 눈(ajna chakra)은 주요 차크라 일곱 곳 중 명상에 가장 널리 활용되는 차크라입니다. 여기에서는 제3의 눈에 주의를 집중하는 다양한 방법을 살펴보겠습니다.

이 명상법을 선택하는 이유

전통적인 제3의 눈 명상은 분별력, 지혜, 정신 통제력, 의지력, 직관력, 의식 상태 변경, 자아 초월, 순결 등과 관련이 있습니다. 제3의 눈이 실제로 존재한다고 믿든 혹은 상징일 뿐이라고 여기든 상관없이 많은 사람들이 이 명상을 통해 강력한 마음의 효과를 보았습니다. 시선을 너무 올리거나 눈이 피로해지면 두통을 유발할 수 있으니 유의하세요. 이 기법들이 혼란스럽거나 불쾌한 경험을 낳는다면 명상 지도자와 상담하세요.

느낌과 응시

내부로부터 제3의 눈을 응시하는 기법은 여기서 살펴볼 기법들 중 가장 섬세하고 어렵습니다.

01 편안한 자세로 앉아 눈을 감으세요. 코로 세 번 심호흡하세요. 내쉴 때마다 몸을 이완하세요.

02 손가락 끝을 핥아 잠시 미간에 대어 민감하게 만드세요.

03 제3의 눈에 정신을 집중하세요. 몇 분간 온 의식이 모두 미간에 존재한다고 느껴보세요.

04 눈을 감은 채 시선을 살짝 위로 올려 제3의 눈을 안에서부터 바라보세요.

05 눈동자를 가운데로 모아 살짝 올린 채 가만히 유지하세요. 마음을 가라앉히고 내면화하는 데 도움이 됩니다. 너무 힘을 주거나 너무 올리지 마세요.

06 미간을 계속 느끼고 응시하며 알아차려보세요.

주요 사실

핵심 미간에 마음과 시선 집중하기, 대개 시각화·만트라·호흡 패턴 활용

감각 경로 시각, 몸과 감각, 청각, 호흡

기술 집중

전통 요가

유사 기법 쿤달리니, 트라타카, 만트라, 시각화

"생각과 이미지가 떠오르면
그저 놓아주고 다시 수행에
주의를 집중하세요."

시각화

시각에 영향을 많이 받는 사람이라면
시각화를 활용하여 제3의 눈에
집중해보아도 좋습니다.

01 편안한 자세로 앉아 눈을 감으세요.
코로 세 번 심호흡하세요. 내쉴
때마다 몸을 이완하세요.

02 손가락 끝을 핥아 잠시 미간에 대어
민감하게 만드세요.

03 제3의 눈에 정신을 집중하세요. 몇 분
간 온 의식이 모두 미간에 존재한다고
느껴보세요.

04 미간 앞에 작은 별을 시각화해보세요.
어둠 속 흰 점이어도 좋고, 떠오르는
태양이어도 좋습니다.

05 형상이 움직이거나 흐려진다면
고정시키려 노력해보세요. 시각화가
어렵다면 그저 작은 별의 존재를
상상하거나 느껴보세요.

만트라

제3의 눈이 지닌 박동을 만트라와 맞추어
집중을 돕는 기법입니다.

01 편안한 자세로 앉아 눈을 감으세요.
코로 세 번 심호흡하세요. 내쉴
때마다 몸을 이완하세요.

02 손가락 끝을 핥아 잠시 미간에 대어
민감하게 만드세요.

03 제3의 눈에 정신을 집중하세요. 몇 분
간 온 의식이 모두 미간에 존재한다고
느껴보세요.

04 제3의 눈 자리에 뛰는 작은 맥박을
느껴보세요. 몇 분이 지나도 느끼지
못하겠다면 그곳에 맥박이 있다고
상상해보세요.

05 제3의 눈에 계속 주의를 기울이면서
그 맥박과 박자를 맞추어 마음속으로
만트라 "옴(om)"을 되뇌세요.

호흡

제3의 눈에 집중할 수 있도록 호흡과
상상을 활용하는 기법입니다.

01 편안한 자세로 앉아 눈을 감으세요.
코로 세 번 심호흡하세요. 내쉴
때마다 몸을 이완하세요.

02 손가락 끝을 핥아 잠시 미간에 대어
민감하게 만드세요.

03 제3의 눈에 정신을 집중하세요.
몇 분 간 온 의식이 모두 미간에
존재한다고 느껴보세요.

04 콧구멍을 오가는 숨결에
집중해보세요. 호흡에 맞추어
의식을 움직이세요.

05 들이쉴 때 공기의 흐름과
알아차림이 콧구멍을 통해 제3의
눈에 닿는 느낌을 느껴보세요. 잠시
그대로 멈추세요.

06 내쉴 때 공기의 흐름과 알아차림이
제3의 눈에서 콧구멍으로 이어지는
느낌을 느껴보세요.

만트라

마음을 위한 자장가

만트라(Mantra)는 큰 소리나 속삭임, 혹은 마음속으로 되뇌는 단어나 음절, 짧은 문장을 가리킵니다. 만트라는 호흡법과 마찬가지로 명상의 가장 흔한 도구 중 하나이며 많은 전통에서 활용됩니다.

이 명상법을 선택하는 이유

만트라는 특히 초심자에게 매우 효과적인 명상 도구입니다. 만트라를 활용하면 보다 쉽게 마음을 편안하고 안정적이며 균일하게 만들 수 있습니다. 만트라와 생각 모두 말의 형태이므로, 만트라에 집중한다면 생각을 줄이는 데에도 도움이 됩니다.

영적 맥락에서는 다양한 형태의 신을 지칭하는 특정 단어를 만트라로 사용합니다. 세속적 방식에선 어느 단어든 만트라로 삼을 수 있지만 의미와 소리를 연결할 수 있어야 합니다. 어느 것을 택할지 모르겠다면 "옴(om)" 또는 "소-함(so-ham)"을 시도해보세요. 널리 사용되는 만트라이자 강력한 진정 효과가 있습니다. 만트라를 골랐거나 지도자가 정해주었다면 더는 바꾸지 않는 편이 좋습니다. 몇 개월 간 매일 만트라를 되뇌면 나중에는 마음속 배경음악처럼 자동 재생될 것입니다. 이 시점에서 수행은 만트라 듣기에 가까워집니다.

주요 사실

핵심 소리, 단어, 구절을 반복하여 마음을 다스리고 변화시키기

감각 경로 청각

기술 집중, 알아차림

전통 요가, 베다

유사 기법 키르탄

01
앉은 명상 자세를 취하고 눈을 감으세요. 코로 세 번 심호흡하세요. 내쉴 때마다 몸을 이완하세요.

02
눈을 뜬 채 1분 동안 만트라를 여러 번 큰 소리로 외우세요. 긴장, 불안, 무기력에 빠져있는 상태라면 조금 더 오래 반복하세요.

ommmmmmmmmmmmmmmmmmmmmmm

04

이제 마음속으로 만트라를 외우세요.
입술, 혀, 목을 움직이지 마세요.
마음이 소란스럽거나 졸리다면 다시
속삭이거나 큰 소리로 외우세요. 눈을
반쯤 뜨는 것도 도움이 되지만 무엇도
응시하지 않아야 합니다. 만트라와
호흡의 박자를 맞추는 것도 좋습니다.

05

만트라가 몸과 마음에 미치는
효과를 느껴보세요. 기계적으로
외우지도 말고, 만트라에 너무
집중하지도 마세요. 생각이
떠오르도록 놔두되 계속해서
주의력의 일부를 만트라에
두세요.

03

눈을 감고 계속 만트라를 외우되 이제는
속삭여보세요. 입술과 혀를 움직이되
거의 들리지 않을 정도의 작은 소리로
외워보세요. 마음이 불안하다면
조금 더 빠르게 외워 다른 생각들을
압도해보세요. 마음이 진정되었다면
다시 느린 속도로 외워도 좋습니다.

06

마무리하려면 잔상처럼
반복되는 만트라를 놓아주세요.
그래도 계속된다면 그대로
놔두고 지켜보세요. 이후
천천히 손가락을 움직이고 눈을
뜨면서 수행을 마무리하세요.

이름 붙이기

혼돈에 질서 세우기

생각, 감각, 감정 등 경험에서 알아차린 모든 것들에 이름을 붙이거나(labelling)
주목한다면(noting) 현재에 충실하는 데 도움이 됩니다. 이름 붙이기는
위빠사나의 한 방법이기도 합니다(86~87쪽 참고).

이 명상법을 선택하는 이유

이름 붙이기는 자신의 생각이나 감정을 보다 객관적으로 바라보며
반응하지 않는 방법으로, 이를 단련하면 위빠사나, 마음챙김 등에도
도움이 됩니다. 생각과 감정이 꼬리를 물거나 반복적으로 떠오를 때
머리를 비우기에도 좋습니다.
단독으로 수행해도 좋지만 여타 관조 명상의 준비 명상으로도 좋습니다.
또한 혼란을 정리하고 싶을 때, 예컨대 마음속이 너무 복잡하거나
압도적인 생각 혹은 감정이 자꾸만 떠오를 때 수행하면 좋습니다.

112

주요 사실

핵심 생각과 감각에 마음의 이름표 붙이기

감각 경로 마음

기술 알아차림

전통 불교

유사 기법 마음챙김, 위빠사나, 내면의 침묵,
미니 명상 4

03
강조하려면 단어를 반복하세요.
"생각, 생각", "소리, 소리"처럼요.
생각이나 느낌이 계속된다면
사라질 때까지 단어를 계속
반복해보세요.

02
의식을 가득 메운 생각, 감각,
감정에 마음속으로 이름표를 붙이기
시작해보세요. 일반적인 단일 단어가
좋습니다. 예컨대 옛날 일이 생각난다면
"기억", 뜬금없는 생각이 나면
"생각"이라고 붙여보세요. 고통, 불안,
욕망, 짜증 등도 좋습니다. 무엇이든
가장 먼저 떠오르는 단어를 사용하세요.

01
어떤 자세도 좋지만
앉은 명상 자세가 깊이
수행하는 데 가장
좋습니다.

04
호흡이 신경 쓰인다면
"들숨, 들숨", "들이마신다,
들이마신다", 혹은 "올라간다,
올라간다"라고 이름표를
붙여보세요. 내쉴 때도
똑같이 해보세요.

05
부드럽고 생생하게 이름표를
붙여나가세요. 밀어내지도,
기계적으로 붙이지도 마세요.
마음속이 너무 복잡하다면 이름
붙이기를 더 자주 해보세요.

06
마음이 조용해졌다면 이름을
덜 붙여도 좋습니다. 단어를
붙이지 않고서도 지금 이 순간
있는 그대로의 경험에 주의를
집중하기만 해도 좋습니다.

07
아직 사라지지 않은
이름표가 있다면 놓아주고
잠시 평소의 의식으로
휴식하세요. 이제 천천히
몸을 움직이면서 눈을
뜨세요.

"정확한 이름을 붙이는 것보다는
매 순간 경험을 명확하게
알아차리는 것이 목표입니다."

내면의 침묵

요가식 마음챙김과 자기 통제

고대 탄트라 수행을 바탕으로 비하르 요가에서 발달한 내면의 침묵(안타르 모우나) 기법은
집중과 무상무념에 앞서 알아차림과 마음챙김의 기반을 다지는 데 집중합니다.

이 명상법을 선택하는 이유

이 기법은 마음이 매우 불안하거나 다른 기법으로 좀처럼 마음을 집중할
수 없었던 사람에게 특히 유용합니다. 마음을 목격하고 감독하는 능력을
길러주기 때문에 마음을 진정시키고 혼란에 질서를 세우는 데에도
도움이 됩니다. 자기 인식, 수용, 목도 또한 단련해줍니다.

> **주요 사실**
>
> **핵심** 소리·감각·생각 알아차리기, 의지대로
> 생각하기, 생각 사이에 여유 공간 만들기
>
> **감각 경로** 마음, 다중 경로
>
> **기술** 알아차림, 집중
>
> **전통** 요가
>
> **유사 기법** 마음챙김, 위빠사나, 이름 붙이기,
> 추상 명상, 미니 명상 4

"밀어내지도 붙잡지도 마세요. 그 무엇도 해석할 필요 없습니다."

03
몸의 감각들을 알아차려보세요.
더위와 추위, 묵직함과 가벼움, 긴장과
이완을 느껴보세요. 있는 그대로
관찰하되 해석하지 마세요. 붙잡지도,
밀어내지도 마세요. 마지막으로
호흡을 알아차려보세요. 깊은지
얕은지, 빠른지 느린지, 흉식인지
복식인지 살펴보세요.

02
주변의 소리들을 알아차려보세요.
모든 소리가 있는 그대로 귀에
들어오게 두세요. 분석지도,
거부하지도, 붙잡지도 마세요.
들리는 모든 소리를 하나씩
살피세요.

01
편안한 명상 자세로 앉아
눈을 감으세요. 코로 세 번
심호흡하세요. 내쉴 때마다
몸을 이완하세요.

04

이제 마음과 마음속 생각, 느낌, 이미지들이 그리는 풍경을 알아차려보세요. 한 발짝 물러난 관찰자로서 모든 순간을 지켜보세요. 모든 것은 의식의 화면에 비치는 영상이고, 여러분이 바로 화면입니다. 좋든 나쁘든 모두 비치게 놔두세요. 생각을 좇지 말고 모든 것을 수동적으로 목도하세요.

05

생각하고 있음을 알아차린 뒤 수동적 목격자에서 능동적 주체로 변신하세요. 생각 한 가지를 골라 오직 그것만 생각하세요. 다른 생각에 방해받거나 무관한 생각으로 뻗어나가지 마세요. 얼마간 지났다면 그 생각을 버리세요. 두 번 더 해보세요.

06

수련을 심화하려면 마음 속 공허, 즉 모든 생각이 떠올랐다가 녹아드는 고요한 배경에 집중해보세요. 이것이 바로 의식입니다. 생각과 이미지가 떠오른다면 한 쪽에 치워두고선 마저 '무념'의 내면을 응시해보세요.

07

명상을 마무리하려면 다시 몸과 호흡에 주의를 집중하세요. 잠시 후 천천히 손가락을 움직이고 눈을 뜨세요.

네티 네티

이것도 아니고 그것도 아니다

네티 네티(Neti Neti)는 베다에 등장하는 명상법이지만 종교적인
명상은 아닙니다. 이 명상은 우리의 지각이 곧 우리가 아니라는
간명한 사실을 완전히 깨달을 수 있게 도와줍니다.

주요 사실

핵심 지각할 수 있는 모든 것과의 동일시를
거부하고 객관적 목격자 되기

감각 경로 마음

기술 알아차림

전통 베다

유사 기법 자기 탐구, 위빠사나, 미니 명상 4

이 명상법을 선택하는 이유

이 명상은 자신이 누구인지 보다 명확하게 알기 위하여 자기 자신이
아니지만 동일시되는 것들을 놓아주는 방법입니다. 예컨대 여러분은
자신이 셔츠가 아님을 알고 있습니다. 여러분은 셔츠를 사기 전부터
존재했고, 셔츠를 버려도 존재합니다. 이제 "내 셔츠."라고 말해보세요.
셔츠와 여러분은 분리된 사물입니다. 당연한 이야기 같지만 자신의 몸과
마음, 생각, 감정에 대해서라면 이야기가 달라집니다.
'내 몸', '내 마음', '내 생각', '내 감정'은 모두 나에게 속하는 것처럼
느껴지죠. 그렇다면 그것들이 속한 '나'는 무엇일까요? 내가 무엇인지
몰라도 무엇이 내가 아닌지는 확실히 밝힐 수 있습니다.
예컨대 '나는 쓸모없어.'라는 생각에 시달리면서 그 생각과
자신을 동일시한다고 해봅시다. 하지만 그 생각은 여러분이
아닙니다.

04
온몸을 알아차려보세요.
이 또한 여러분이 알아차린
대상임을 인식하세요. 몸과
몸이 변화하는 상태에 대해서도
아래와 같이 확인하세요.

03
몸에 느껴지는 모든
감각을 관찰해보세요. 이
또한 여러분이 알아차린
대상임을 인식하세요.
감각에 대해서도 아래와
같이 확인하세요.

01
어떤 자세든 좋지만 앉은
명상 자세가 깊이 수행하는
데 가장 좋습니다. 눈을
감고 심호흡하며 마음을
가라앉히세요.

02
들리는 소리를 관찰해보세요.
그 또한 여러분이 알아차린
대상임을 인식하세요. 이제
말해보세요.

"… 내가 이 소리를
알아차렸으니, 이 소리는
나도 아니고 내 것도 아니다.
나는 관찰하는 의식이다."

05

생각을 관찰해보세요. 어떻게 보이든 그건 여러분의 머릿속을 유영하는 소리와 이미지일 뿐입니다. 이번에는 생각에 주의를 집중하고 여러 번 확언해보세요.

06

느낌, 기억, 욕망, 인성에 대해서도 사색해보세요. 여러분은 그것들이 떠오르기 전에도 존재했고, 그것들이 사라진 후에도 존재합니다. 그것들 또한 지각하고 알아차리는 대상일 뿐입니다. 여러분이 주체이자 지각자이며 관찰자입니다.

07

여러분의 이름, 역할, 정체성 등을 생각해보세요. 그 모든 것들이 여러분이 아니라 여러분이 알아차릴 대상이고, 여러분은 그전부터 존재했음을 생각해보세요.

08

모든 동일시를 하나씩 놓아주면서 여러분의 진정한 본질인 의식을 맑게 비워보세요. 그리고 남아있는 그대로 남아보세요. 그곳에 남아있는 순수한 알아차림, 목도하는 의식이 바로 여러분입니다. 그대로 몇 분간 머물러보세요.

09

명상을 마무리하려면 몇 분 정도 몸에 주의를 기울여보세요. 온몸을 느껴보세요. 호흡의 패턴을 느껴보세요. 천천히 손가락을 움직이면서 눈을 뜨세요.

의식 확장하기

온 우주 경험하기

이 명상은 상상과 시각화, 느낌을 이용합니다. 몸과 마음이라는 한계 너머에까지 자아감을 확장하여 온 우주를 끌어안아보세요. 해방감이 느껴질 겁니다.

이 명상법을 선택하는 이유

우주만큼 거대한 대상에 집중하는 방식은 마음의 소란을 잠재우고 지성의 한계를 넘어서는 효과가 있으며, 모든 문제들을 작아보이게 만들기도 합니다. 또한 우리 내면에 광활함과 평화, 만물과의 일체감을 선사합니다. 이것이 바로 진정한 공감, 연민, 그리고 연결의 토대입니다. 시각화하고 상상한 것을 정말로 느낄 수 있다면 수행의 효과도 커질 것입니다. 하지만 몸과 감각에 강하게 의지함을 선호하는 사람이라면 이 기법이 와 닿지 않을 수 있습니다.

118

> **주요 사실**
>
> **핵심** 자아감을 확장하여 온 우주 끌어안기
>
> **감각 경로** 마음
>
> **기술** 알아차림
>
> **전통** 다수, 특히 탄트라 요가
>
> **유사 기법** 추상 명상, 시각화, 머리 없는 나

04
이제 주변까지 여러분의 알아차림을 넓혀보세요. 주변의 사람, 건물, 존재하는 모든 것들이 여러분의 내면에 들어옵니다.

03
이제 방 전체로 여러분의 알아차림을 넓혀보세요. 이 공간이 새로운 자기 자신임을 느껴보세요. 온 방에 여러분의 의식이 스며듭니다.

02
온몸에 의식을 집중해보세요. 하나의 몸을 느껴보세요. 마음의 눈으로 바깥에서 자기 몸을 살펴보세요. 앞, 뒤, 왼쪽, 오른쪽, 위에서 살펴본 뒤, 사방에서 동시에 살펴보세요.

01
편안한 자세로 앉아 눈을 감으세요. 코로 세 번 심호흡하세요. 내쉴 때마다 몸을 이완하세요.

> "무한함, 광활함, 가벼움, 그리고 공간이 주는 감각을 느껴보세요."

05

온 동네와 도시, 다음은
나라, 다음은 지구 전체까지
알아차림을 넓혀보세요. 이제
여러분의 문제가 작게 느껴지지
않나요? 자아감은 넓어졌나요?
만일 생각이 떠오른다면
지나가도록 놔두고 시각화로
돌아오세요.

06

온 우주까지 알아차림을
넓혀보세요. 무수히 많은 행성,
별, 은하, 존재, 빛, 공간, 그
모든 것들이 이제 모두 여러분이
됩니다. 여러분의 자아감이 온
우주를 끌어안게 놔두세요.

07

여러분은 무한합니다. 스스로
얼마나 광활하고 넉넉한지
느껴보세요. 여러분은 모든
한계를 넘어섰고, 모든 이름과
형태를 초월했습니다. 여러분은
온 우주의 목도자이자 만물의
관찰자입니다. 이를 인식하면서
가만히 몸을 이완하세요.

08

천천히 방으로 주의를
데려오세요. 주변 소리를
하나씩 들어보세요. 몸의
형태와 크기를 느껴보세요.
몸이 있는 방 안의
위치와 지금 이 시간을
기억해보세요.

09

잠시 호흡에 주의를
기울이세요. 의식적으로
심호흡하세요. 천천히
손가락, 손, 어깨를
움직이면서 눈 뜨세요.

119

의식 확장하기

머리 없는 나

생각하는 마음 끄기

우리는 많은 시간을 머릿속에서 보냅니다. 머릿속에는 생각, 기억, 좌절, 욕망, 문제들이 살고 있죠. '머리 없는 나' 명상에서는 심장과 몸을 따라 움직이면서 마음과 거리를 두어보겠습니다.

이 명상법을 선택하는 이유

'머리 없는 나'는 탄트라 요가에서 비롯되었습니다. 탄트라 요가는 다수의 독특한 명상법들을 소개하는데, 몇몇은 난해한 개념을 사용하기도 하고 몇몇은 상상과 시각화, 느낌을 명상의 대상으로 삼습니다.

이 명상은 상상을 이용하는 단순하지만 강력한 방법입니다. 다소 소름끼친다는 사람들도 있지만 놀라울 정도의 해방감을 느끼는 사람들도 많습니다. 핵심은 상상이 자유롭게 흘러가도록 두면서 실제로 머리가 없는 것처럼 느끼는 것입니다. 눈을 뜨고 거울 앞에 서서 수행해도 좋습니다. 하지만 현실감이나 자아감이 부족하거나 해리성 정체 장애가 있는 사람에게는 이를 권하지 않습니다.

주요 사실
핵심 머리가 없다고 상상하며 공간 즐기기
감각 경로 마음
기술 집중
전통 요가
유사 기법 탄트라 명상, 좌선, 시각화

01
눈을 감고 앉아 심호흡하며 현재에 존재해보세요.

02
잠시 머리끝부터 발끝까지 온몸을 마음속으로 훑어보세요. 왼쪽 다리와 발, 오른쪽 다리와 발, 배와 가슴, 등, 왼팔과 손, 오른팔과 손, 어깨와 목, 머리와 얼굴로 이어집니다. 온몸에 대한 알아차림을 키워보세요. 하나로서의 몸을 의식에 담아보세요.

03
머리가 없다고 상상하세요. 모든 것이 괜찮습니다. 여전히 현재와 평화가 느껴집니다. 단 한 가지 달라진 게 있다면 몸이 어깨에서 끝난다는 점입니다. 목과 머리가 있던 곳에 오직 공간만이 남았습니다.

"하늘이 당신의 머리입니다.
그 공간을 느껴보세요."

07
천천히 몸을 움직이고
눈을 뜨면서 명상을
마무리하세요.

06
준비가 되었다면 어깨
위 원래 자리에 머리가
돌아왔다고 시각화하세요.
단 광활한 공간감과 존재감,
그리고 개방감은 마음속에
간직하세요.

머리 없는 나

05
머리가 없는 나를 시각화해보세요.
실제인 것처럼 느껴보세요. 머리
없이 일상생활을 모두 해내는 나를
그려보세요. 여러분에게 머리가 없다는
사실을 다른 누구도 눈치채지 못하지만,
여러분은 놀라운 평화와 고요를
얻습니다. 여러분의 중심과 자아는
어디로 간 걸까요? 그리운가요? 원하는
만큼 시간을 들여 공간을 즐겨보세요.

04
이제 생각이 생겨날 곳도, 내려앉을
곳도 없습니다. 드넓고 한없는
공간뿐입니다. 모든 생각과 자아,
인성, 골칫거리들이 사라지고 그
자리에 광활하고 탁 트인 빈 공간만
남습니다.

추상 명상

생각할 수 없는 것을 생각하기

추상적인 형태의 명상은 티베트 불교와 즈나나 요가를 비롯한 많은 명상 전통에서 찾아볼 수 있습니다. 모두 자아의 한계를 넘어서는 확장적 개념에 집중하는 방법입니다.

이 명상법을 선택하는 이유

추상 명상은 기본적으로 우리가 계속 생각하는 바에 따라 마음의 특성이 달라진다는 생각을 바탕으로 합니다. 화나거나 무서운 무언가를 계속 생각한다면 마음이 불안정하고 비참해지지만, 우주와 무한에 대하여 생각한다면 마음이 광활하게 열린다는 뜻입니다.

궁극적인 목적은 마음에 붙잡기 좋은 생각을 심어주는 것입니다. 무한, 영원, 범애, 신, 공간, 시간, 의식 등 본질적으로 확장적인 개념이 좋습니다. 가장 끌리는 개념을 고르되 한 번 정했다면 한동안은 같은 대상으로 수행하세요. 명상에 앞서 대상에 관한 글을 가볍게 읽는 것도 도움이 되지만, 오히려 산만해진다면 굳이 읽을 필요는 없습니다. 평소에도 틈틈이 대상을 떠올려 다음 명상 때까지 생생하게 살려둔다면 더 깊이 수행할 수 있습니다.

다양한 명상법

주요 사실

핵심 추상적 개념에 대한 사색

감각 경로 마음

기술 집중

전통 다수

유사 기법 좌선, 의식 확장하기, 자기 탐구

01
어느 자세로 해도 좋지만 앉은 자세에서 가장 깊이 명상할 수 있습니다. 눈을 감고 심호흡하면서 현재에 존재해보세요.

02
선택해둔 개념에 온 정신을 집중하세요. 깊이 사색하세요. 대상이 온 마음에 스며들게 두세요. 대상이 내면의 현실이라고 생각하고 그 의미를 느껴보세요.

03
다른 생각으로 산만하게 뻗어나가지 마세요. 개념에 집중하면서 그 본질에 깊이 빠져보세요.

"선택한 개념의 이면에 있는 현실을
말없이 직접 경험해보세요."

05
준비가 되었다면 몇 분간 다시
몸에 주의를 집중하세요.
온몸과 호흡 패턴을
느껴보세요. 천천히 손가락과
발가락을 움직이며 눈 뜨세요.

04
마음이 산만해지면 마음속으로
개념의 이름을 "무한, 무한,
무한"처럼 반복해 부르며 다시
사색에 주의를 집중하세요.

자기 탐구

나는 누구인가?

자기 탐구(아트마 비차라)는 '나는 누구인가?'라는 질문을 이용해 '나는' 뒤에 따라붙는 생각과 한계들을 떼어놓음으로써 주관적이고 순수한 존재감, '나는'을 구하는 방식입니다.

이 명상법을 선택하는 이유

'나는'은 대개 우리의 생각이나 동일시되는 것과 연결됩니다. "나는 불안해.", "나는 선생이야."처럼 한정된 자아와 인성을 보여주는 말이 됩니다. 그러나 핵심은 '나는'입니다. '나는'만이 지속적인 요소이자 진정한 여러분입니다. '나는'은 고통을 모릅니다. 그저 확장적 존재감일 뿐이죠.

대부분의 명상에서는 주체('나' 혹은 '나는')가 호흡 등의 특정 대상에 집중하거나 대상을 관찰합니다. 그러나 자기 탐구는 비이원적(non-dual) 명상으로 주체가 대상이 아닌 자신에게 집중하고 자신으로서 존재하는 방법입니다.

주요 사실

핵심 보이는 것이 아니라 보는 자에게 주의 기울이기

감각 경로 마음

기술 집중, 알아차림

전통 베다, 특히 아드바이타 베단타

유사 기법 네티 네티

03
질문을 물을 때마다 '나입니다!'라는 생각이 떠오를 겁니다. 다시 물어보세요. '나는 누구인가?', '나라는 것은 무엇인가?'

02
들려오는 소리를 알아차려보세요. 스스로에게 물어보세요. '소리를 듣는 나는 누구인가?' 느껴지는 감각을 알아차리고 스스로에게 물어보세요. '감각을 느끼는 나는 누구인가?' 떠오르는 생각을 알아차리고 물어보세요. '생각을 떠올리는 나는 누구인가?' 경험하는 바를 모두 알아차리고 물어보세요. '경험하고 있는 나는 누구인가?'

01
편안한 자세로 앉아 눈을 감으세요. 코로 세 번 심호흡하세요. 숨을 내쉴 때마다 몸을 이완하세요.

> "'나는' 다음의 자리에는 고통이 삽니다. '나는 이렇다'는 한계에 갇힌 거짓 자아일 뿐입니다."

04

떠오르는 대답을 밀어내세요.
대답은 여러분이 인지하는
생각일 뿐입니다. 이 질문에
대한 답은 생각이 아닙니다.

05

인지되는 것에서 떠나
인지하는 자에게 주의를
기울여보세요. 인지자는
순수한 알아차림의 공간이자
순수한 존재입니다.

06

순수한 '나는'의 느낌을 찾았다면
그 공간에 가만히 주의를
집중하세요. '나는'에 초점을
맞추세요. '나는' 안에서 휴식하며
다른 모든 것을 놓아주세요.
말없는 감각 혹은 존재에 머물되
그게 무엇인지 정의하지 마세요.

07

인지되는 생각 등이 신경 쓰일
때마다 '그것을 인지하는 나는
누구인가?'라는 질문을 통해
순수한 '나는'에 다시 주의를
집중하세요.

08

마무리하려면 온몸에 주의를
다시 집중해보세요. 잠시 호흡을
관찰한 뒤 천천히 눈을 뜨고
명상 자세에서 벗어나세요.

좌망

앉아서 망각하기

도교의 무위(無爲)를 바탕으로 하는 좌망(坐忘)은 '망각의 앉기'를 의미합니다.
마음을 끄고 몸과 주변을 잊은 뒤 불가해한 침묵의 공간에 들어서보세요.

이 명상법을 선택하는 이유

좌망은 어려운 수행이지만 무심(無心)과 고요, 광활한 알아차림의 경시에
곧장 오를 수 있는 수행입니다. 좌망은 평소 우리의 마음이 인위적이고
이원론적이며 왜곡된 방식으로 기능한다는 데에서 시작합니다. 마음을
잠재운다면 도(道) 안에서 자아감을 해소하고 휴식할 수 있습니다.
좌망에는 구체적인 지시 사항이 없지만, 여기서 소개하는 설명을
따른다면 적절한 수행 태도를 갖추는 데 도움이 될 겁니다.

주요 사실

핵심 모든 것을 놓아주고 어려움 없는
상태에 머무르기

감각 경로 마음

기술 알아차림

전통 도교

유사 기법 좌선, 자기 탐구, 탄트라 명상

03
마음속에 무언가 떠오른대도
공허한 것일 뿐입니다. 적도
아니고, 밀어낼 필요도 없습니다.
무엇이든 있는 그대로 떠올라도
괜찮습니다. 모두 경험의
일부입니다. 다만 여러분의 내면이
무위의 상태라는 점만 다릅니다.

02
모든 것을 놓아주겠다는 태도를 가져보세요.
감각을 모조리 끈 것처럼 주변을
잊어보세요. 몸에는 미동도 없고,
감각도 없습니다. 몸을 잊으세요.
여러분이 시작하는 곳도, 끝나는 곳도 달리
없습니다. 닻도, 지지대도, 형태도 없습니다.
모든 개념과 믿음을 잊으세요. 생각의 틀과
현실의 지도를 모두 놓아버리세요.

01
명상 자세로 곧게 앉습니다.
등받이 없이 앉으면 마음과
에너지를 안정시키는 데 도움이
됩니다. 부드럽고 느리고
자연스럽게 숨 쉬며 눈을
감으세요.

05

무언가 생각하려, 이해하려, 바꾸려 하는 마음이 들어도 모두 놓아주세요. 어려움 없이 미끄러져나가게 두세요. 생각하는 마음이 모든 기반을 떠나보내며 스스로를 비우도록 놔두세요.

06

침묵 속에 가만히 앉아있으세요. 아무것도 하지 않되, 개방적이고 선택 없는 알아차림으로 앉아있으세요. 다른 모든 것들은 멀어지도록 놔두세요. 호와 불호, 노력, 앎 등의 방해 요소들을 놓아주세요. 정체성이라는 방해 요소도 놓아주세요.

04

어느 활동도 시작하지 마세요. 인지되는 무엇과도 연관되지 마세요. 떠오르는 무엇도 선호하지 마세요. 무언가 하겠다는 의지, 조종하거나 바꾸겠다는 의지를 가지지 마세요.

08

헤아릴 수 없는 우주의 공허에 빠져보세요. 여러분의 존재가 만물에 스며들게 두세요. 이것이 여러분 고유의 본질입니다. 드넓고, 열려 있으며, 아무런 자기 지시도 없습니다.

07

아무것도 하지 않으려 애쓰지 마세요. 모든 노력과 무노력을 놓아주세요. 그저 지금 이곳에 존재하되 모든 것을 비우세요. 현재에 머무르면서 자연스럽게 무위의 상태가 조성되도록 놔두세요. 마음이 스스로 조용해지고, 여러분은 안정감과 일체감을 느낍니다.

09

준비가 되었다면 다시 몸과 호흡에 주의를 집중하세요. 손가락과 고개를 천천히 움직인 뒤 눈을 뜨세요.

"좌망은 모든 구름 너머 탁 트인 하늘과 같습니다. 너무나 광활해서 구름이 있는 줄도 모르죠."

탄트라 명상

공허의 발견

112가지 명상법이 담긴 고서 『비그나야 바이라바 탄트라』에서 차용한
이 기법들은 창의적 사색과 시각화를 활용합니다.

이 명상법을 선택하는 이유

탄트라의 영적 관점에서 이 명상의 목적은 모든
것을 의식의 표현으로 보고 자아를 극복하며 개인의
마음과 우주의 마음을 한 데 합치는 것에 있습니다.
비종교적으로 수행할 때에는 감정과 욕망, 감각의 노예
상태에서 벗어나고 만물의 일체감을 사색함으로써 자기
인식과 공감력을 기를 수 있습니다. 여기에서는 몸, 마음,
감각에 집중하는 방법들을 묶어 살펴보겠습니다. 마음에
드는 방법을 시도해보세요.

128

주요 사실

핵심 일련의 독특한 수행을 통해 집착에서
벗어나 만물의 일체감과 공허 깨닫기

감각 경로 마음, 몸과 감각, 청각

기술 집중, 알아차림

전통 요가, 특히 탄트라

유사 기법 시각화, 머리 없는 나, 추상 명상,
의식 확장하기

"고요와 침묵, 내면의 자유에 이르는
새로운 방법들을 만나보세요."

몸을 이용하는 기법

이 기법들은 창의적인 방식으로 몸에 집중하여 마음의 상태와 자아감에 변화를
가져다줍니다. 대개 우리는 우리의 그릇인 몸에 쉽게 주의 집중할 수 있습니다.
탄트라에서도 지금 존재하는 곳에서 시작할 것을 권합니다.

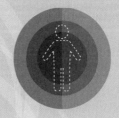

우주 떠돌기

무중력의 감각에 집중한다면 마음을 가볍게
하고 생각을 없앨 수 있습니다.

01 편안한 의자나 소파에 앉아서
수행하는 게 가장 좋습니다.

02 몸에 주의를 완전히 집중하세요.

03 몸을 지지하는 힘이 완전히 사라진
것처럼 느껴보세요. 무중력의 공간을
떠돌아다니는 느낌입니다. 그 느낌에
확신을 가지고 집중하세요.

04 지지력 없는 느낌에 집중하세요.
이 느낌을 대상으로 명상해보세요.

두개골 안

모든 의식을 작은 점 하나에 집중하면
고요하고 평온한 마음을 얻을 수 있습니다.

01 명상 자세로 앉으세요. 눈을 감고
코로 세 번 심호흡하세요. 내쉴
때마다 몸을 이완하세요.

02 1분간 몸의 중심에 주의를
집중하세요. 마음이 몸과 함께
안정되게 두세요.

03 두개골 안에 모든 의식을 집중하세요.
어두운 두개골 안 작은 빛 조각이
된다고 상상해보세요.

04 몸을 가만히 둔 채 빛 조각에 모든
정신을 집중하세요. 생각이나
이미지가 떠오르더라도 지나가게
두세요. 그 자리에 가만히
머무르세요.

빈껍데기

몸을 완전히 비우는 사색으로 내면의
공간감을 깨울 수 있습니다.

01 명상 자세로 앉으세요. 눈을 감고
코로 세 번 심호흡하세요. 내쉴
때마다 몸을 이완하세요.

02 1분간 몸의 중심에 주의를
집중하세요. 마음이 몸과 함께
안정되게 두세요.

03 몸을 완전히 비운다고
상상해보세요. 피부가 껍데기가
되고, 그 안엔 아무것도 없습니다.

04 몸을 비웠다면, 이제 여러분은
누구일까요? 여러분은 몸의
경계와 상관없이 그 외부와 내부에
존재하는 알아차림입니다.

05 순수한 알아차림과 공간감으로
머무르며 몸의 공허에 대해
사색해보세요.

129

탄트라 명상

계속 ▶

감각을 이용하는 기법

각 기법마다 다른 감각을 이용하여 주의를 집중시킵니다. 기쁨이나 고통 등의 느낌을 명상 대상으로 사용한다면 그 느낌을 완전히 경험할 수 있으며, 느낌의 본질을 깨닫고 초월할 수 있습니다.

소리에서 침묵으로

노랫소리, 명상 종 혹은 악기 소리에 집중하는 기법입니다. 매우 조용한 곳에서 수행하세요.

01 명상 자세로 앉으세요. 눈을 감고 코로 세 번 심호흡하세요. 내쉴 때마다 몸을 이완하세요.

02 1분간 몸의 중심에 주의를 집중하세요. 마음이 몸과 함께 안정되게 두세요.

03 "옴(om)" 만트라를 길게 늘려 외워보세요. 소리의 길이에 주의를 집중하면서 큰 소리부터 시작해 점점 작아지다가 사라질 때까지 늘려보세요.

04 침묵에서 소리가 떠올랐다가 다시 침묵에 녹아들 때 알아차림도 함께 침묵으로 돌아가게 두세요.

05 소리가 사라지면 이제 침묵에 주의를 기울이세요. 잠시 후 위와 같은 방식으로 "옴" 만트라를 외워보세요. 원하는 만큼 반복하세요.

오르가즘 명상

환희의 느낌에 집중하고 초월하는 방법을 배워 언제든 환희를 느껴보세요.

01 명상 자세로 앉으세요. 눈을 감고 코로 세 번 심호흡하세요. 내쉴 때마다 몸을 이완하세요.

02 1분간 몸의 중심에 주의를 집중하세요. 마음이 몸과 함께 안정되게 두세요.

03 커다란 환희와 기쁨, 만족을 느꼈을 때가 언제인지 기억해보세요. 맛있는 음식을 먹었던 때도 좋습니다.

04 그 느낌을 깊이 알아차리며 확장하세요. 느낌에 집중하고, 마음이 느낌과 하나가 되게 두세요. 느낌에 자신을 맡기되 맑고 열린 알아차림을 유지하세요.

05 이제 기쁨이 나 자신을 넘어 순수한 의식의 환희가 될 때까지 강렬하게 키워보세요. 느낌을 초월했다면 마음속에서 느낌의 근원을 찾아보세요. 이 기억을 계기 삼아 언제든 내면의 기쁨에 빠져보세요.

고통 너머의 평화

신체적 고통을 명상 대상으로 삼는 이 명상은 고통을 반감 없이 받아들이는 방법을 알려줍니다.

01 명상 자세로 앉으세요. 눈을 감고 코로 세 번 심호흡하세요. 내쉴 때마다 몸을 이완하세요.

02 1분간 몸의 중심에 주의를 집중하세요. 마음이 몸과 함께 안정되게 두세요.

03 고통을 무시하기는 어렵지만 고통에 집중하기는 쉬우니 명상 대상으로 써보세요. 모든 의식을 고통이 가장 선명하게 느껴지는 부위에 집중해보세요.

04 고통의 감각을 관찰한 뒤 자신을 맡겨보세요. 고통에 대한 반감은 모두 놓아주세요. 고통 안에서 편안하게 휴식해보세요.

05 고통의 표면을 넘어서서 하나의 감각으로 받아들여보세요. 좋거나 나쁘거나 유쾌하거나 불쾌하다는 이름표를 붙이지 마세요. 순수하게 표현된 감각을 고요하고 열린 마음으로 목도하며 휴식해보세요.

"언제든 강렬한 행복이나
환희에 빠지는 방법을
배울 수 있습니다."

계속 ▶

"음악과 음악 사이의 침묵처럼
생각과 생각 사이의 공간을 찾아보세요."

마음을 이용하는 기법

여기서 소개하는 창의적 사색과 시각화를 통해 마음의 고요와 자유,
광활함을 찾아보고 자아감을 넓혀 모두를 품어보세요.

생각 사이의 공간	하나의 자아	바닥 없는 우물

생각 사이의 공간

생각 사이의 공간에 집중하는 방법을
배운다면 언제든 의식 일부를 그 공간에
두어 쉬게 할 수 있습니다.

01 명상 자세로 앉으세요. 눈을 감고
코로 세 번 심호흡하세요. 내쉴
때마다 몸을 이완하세요.

02 1분간 몸의 중심에 주의를
집중하세요. 마음이 몸과 함께
안정되게 두세요.

03 마음을 들여다보며 떠오르는
생각을 관찰해보세요. 마치 음악이
다음 음악으로 넘어갈 때처럼
생각과 생각 사이에 생기는 공간에
초점을 맞춰보세요. 넘어가는
속도는 상관없습니다. 알아차림을
날카롭게 갈고닦기 전이라면 매우
어려울 수 있지만, 인내하며 집중해
들여다본다면 가능할 겁니다.

04 생각이 떠오르기 전이나 사라진
후에는 공간과 침묵이 있습니다.
공간을 알아차리는 횟수가
늘어날수록 생각 사이의 간격도
넓어질 것입니다.

하나의 자아

모든 생명과 의식의 일체감에 대하여
사색함으로써 자아 너머로 나아가는
기법입니다.

01 명상 자세로 앉으세요. 눈을 감고
코로 세 번 심호흡하세요. 내쉴
때마다 몸을 이완하세요.

02 1분간 몸의 중심에 주의를
집중하세요. 마음이 몸과 함께
안정되게 두세요.

03 여러분의 몸과 마음을 잊고, 모든
사람들의 내면에 단 하나의 자아가
있음을 사색해보세요. 모든 사람들의
마음 너머에는 단 하나의 '나'라는
의식이 빛나고 있습니다.

04 달이 각각의 수면에 저마다 다르게
비치듯, 하나의 자아도 각각의 마음에
다르게 나타납니다.

바닥 없는 우물

바닥 없는 우물에서는 마음이 아무런 방해
없이 자유로이 움직입니다. 실제 우물을
들여다보며 수행해도 좋습니다.

01 명상 자세로 앉으세요. 눈을 감고
코로 세 번 심호흡하세요. 내쉴
때마다 몸을 이완하세요.

02 1분간 몸의 중심에 주의를
집중하세요. 마음이 몸과 함께
안정되게 두세요.

03 바닥 없는 우물 앞에 앉아있다고
상상해보세요. 아래를 내려다보지만
어디에도 시선이 닿지 않으니 생각할
것도 없습니다.

04 마음이 바닥 없는 우물을 끝없이
파내려가게 두세요. 여러분의 마음은
다른 모든 기반을 떠나보내고 저항
없이 자유롭게 움직입니다.

05 무한한 확장감과 한없이 하강하는
느낌에 온 주의를 집중해보세요.

자애 명상

심장의 정화

팔리어로 '멧따(metta)'라고 하는 자애는 불교에서 추구하는 사무량심(四無量心)
또는 네 가지 거룩한 마음가짐 중 하나입니다. 이 수행을 통해 사랑과 자비를
베풀고 자신과 타인의 행복과 건강을 빌어보세요.

이 명상법을 선택하는 이유

자애 명상은 긍정적인 감정을 기르고 화와 혐오, 무관심,
이기심, 적의, 슬픔 등 부정적인 감정을 내려놓는 데
도움이 됩니다(24~25쪽 참고). 한번 불을 지핀 자애심은
명상 대상으로 사용할 수 있으며, 이를 통해 자애심을
더욱 키울 수 있습니다. 자애심이 커지면 기쁨과 행복,
열린 마음이 심장을 가득 메울 것입니다.

134

02
있는 그대로의 자신이 진정으로
받아들여졌거나 사랑받았거나
인정받았던 때의 느낌을 기억해보세요.
그때의 상황과 인물을 떠올려도
좋습니다. 좀처럼 기억나지 않는다면
어떤 느낌일지 상상해보세요. 마치
영화처럼 마음속으로 영상을 그리며
그때의 느낌을 경험해보세요.

01
명상 자세로 앉으세요.
눈을 감고 코로 세 번
심호흡하세요. 내쉴 때마다
몸을 이완하세요.

주요 사실

핵심 기억, 시각화, 확언을 통해 자신과
타인에 대한 자애심에 불을 지피고 키우기

감각 경로 심장

기술 집중

전통 불교

유사 기법 시각화, 키르탄

03

그 느낌에 불을 지폈다면 이제 주의를 집중해보세요. 기억이나 영상의 세세한 부분은 잊고 그저 그 감각을 알아차려보세요. 몸과 마음, 심장에 어떤 느낌이 느껴지나요? 이를 명상 대상으로 삼아 집중해보세요. 계속해서 북돋우고 재현하고 키워보세요. 다른 생각이 방해가 된다면 그저 알아차린 뒤 다시 그 느낌으로 돌아오세요.

04

느낌이 안정적이게 되면 자신에게, 타인에게, 온 세상에게 투영해보세요. 투영하는 대상 인물(자신 포함)을 시각화하면 도움이 됩니다. 이제 그 느낌과 의지를 가지고 마음속으로 반복하세요.

"… 행복이 함께하기를,
평안하고 안전하기를,
평화가 깃들기를!"

05

다시 호흡에 주의를 기울이고 잠시간 관찰해보세요. 이후 온몸, 그리고 몸이 바닥이나 의자와 닿아있는 감각을 알아차려보세요. 준비가 되었다면 천천히 손가락을 움직이고 눈을 뜨며 명상을 마무리하세요.

"타인을 시각화할 때에는 그 사람의 입장에 서보는 게 도움이 됩니다. 그 사람이 된다고 상상해보세요."

수피교 심장 박동 명상

영혼의 맥박

이슬람 신비주의 수피교는 호흡과 명상, 기도를 통해 신과 하나됨을 추구합니다. 여기서 살펴볼 기법은 신과 닿기 위하여 심장 박동에 집중하는 방법이지만 종교적 의미 없이도 수행할 수 있습니다.

이 명상법을 선택하는 이유

수피교는 신 혹은 영(spirit)을 사랑으로 섬기며 사랑과 헌신이라는 행복한 느낌으로 마음과 심장을 끊임없이 적시는 데 집중합니다. 수피교 심장 박동 명상은 이처럼 위대한 '영' 혹은 '지성'의 감각과 연결되는 한편 내면에 존재하는 '영'을 느끼기 위한 방식입니다. 보다 실험적이고 개인적인 방법을 통해 신과 연결되려는 사람이 많아지면서 이 기법의 인기도 점차 높아지고 있습니다.

본래 영적 명상이긴 하지만, 만트라나 신에 대한 사색 없이 단순히 심장 박동에만 집중한다면 비종교적으로 수행할 수 있습니다.

> **주요 사실**
>
> **핵심** 신과의 연결을 위하여 심장 박동에 집중
>
> **감각 경로** 심장
>
> **기술** 알아차림
>
> **전통** 수피교
>
> **유사 기법** 키르탄

01
명상 자세로 앉거나 누우세요. 눈을 감고 코로 세 번 심호흡하세요. 내쉴 때마다 몸을 이완하세요.

02
2분간 몸의 중심에 주의를 집중하여 온몸을 완전히 알아차려보세요. 마음이 몸과 함께 안정되게 두세요.

03
몸과 호흡이 진정되었다면 이제 심장 박동을 살펴보세요. 가슴 중앙에 온 주의를 집중하고, 이외의 것들은 모두 잊어버리세요.

"당신의 심장 박동은 당신의 삶이고, 내면의 생이 가진 고동입니다."

06

몸, 생각, 자기 자신에 대해서는 잊어버리세요. 심장 박동의 목격자가 되세요. 마음이 산만해졌다면 다시 심장 박동에 주의를 집중하세요. 원하는 만큼 계속해보세요. 종교적 요소를 원치 않는다면 곧장 마지막 단계로 가세요.

05

마음과 심장 박동이 하나로 합쳐지게 두세요. 마치 심장 박동 외에는 아무것도 없는 것처럼 여러분의 존재 리듬으로 삼으세요. 모든 생각이 심장 박동에 묻혀 사라지게 두세요.

04

하나도 놓치지 않겠다는 듯 모든 박동에 주의를 기울여보세요. 심장 박동을 느낄 수 없다면 몸이 완전히 이완되었는지, 마음이 고요한지 확인한 뒤 온 의식을 심장 부근에 두세요. 곧 박동이 느껴질 겁니다.

07

어떤 형태로든 신이나 영에 관하여 생각하면서 사랑하고 숭배하는 마음을 깨우세요. 삶과 영 자체에 대한 사랑을 키우는 방법도 좋습니다. 감사와 사랑의 마음가짐으로 거대한 삶의 일부가 되어 자신을 맡겨보세요.

08

자신의 심장 박동이 신 혹은 삶 그 자체의 박동이라고 생각해보세요. 심장 박동을 통해 신을 사랑하는 데서 오는 온기와 평화, 달콤함을 느껴보세요.

10

마무리하려면 심장 박동에서 온몸으로 주의를 돌리세요. 온몸을 알아차려보세요. 준비가 되었다면 천천히 몸을 움직이면서 눈 뜨세요.

09

심장 박동에 박자를 맞추어 만트라를 외워보세요. 수피교에서는 "알라"를 되뇌지만, 사랑하고 숭배하는 감각을 키우기만 한다면 어느 만트라라도 좋습니다. 확신이 서지 않는다면 "옴"을 외우세요.

통합하고
심화하기

명상의 순간

일상 속 명상

명상 수행으로 최대한의 효과를 얻으려면 수행을 과제로 여기는 데에서 나아가 삶의 일부분으로
받아들여야 합니다. 일상에 명상의 순간들을 심는 한편 여러 활동에 명상의 특징을 덧칠한다면 보다
빠르게 수행을 심화할 수 있습니다.

명상은 일상에 영향을 미치고, 일상은 명상에 영향을
미칩니다. 두 요소가 서로를 뒷받침하는 게 가장
이상적이겠죠. 이를 달성하기 위해 매일 수차례 명상
기법을 이용하여 휴식을 취하고, 속도를 늦추고, 생각을
모아보세요. 마음을 챙기는 심호흡 5~10회도 좋고,
온몸의 긴장을 풀어보아도 좋고, 명상 대상을 잠시
마음속에 떠올려보아도 좋습니다.

우선 수행을 상기시켜줄 방법을 찾아야 합니다.
스마트폰이나 웨어러블 기기에 알람을 맞춰도 좋고,
마음챙김 어플을 이용해도 좋고, 컴퓨터 모니터에
포스트잇을 붙여놓아도 좋습니다.

두 시간에 한 번씩 수행하는 게 가장 좋습니다.
횟수가 너무 많은 것 같다면 단 60초 길이의 휴식임을

기억하세요. 마법 같은 효과가 찾아올 것입니다.
현실적으로 어렵다면 하루 2~3회부터 시작하세요.

일상 활동에 명상 더하기
일상 활동 중에도 명상의 세 가지 핵심 요소인 알아차림,
집중, 휴식을 기를 수 있습니다. 다음의 여덟 가지 '명상의
순간'들을 일상에 녹여보세요.

01 신호등 신호에 걸렸을 때 심호흡하면서 얼굴과 어깨,
손의 근육을 이완시키세요.

02 지하철이나 버스에서 감각 기관으로 들어오는 모든
정보, 여러분이 보고 듣고 느끼는 모든 것들을 살펴보세요.

"적절한 방식으로 다가간다면
명상은 온 삶을 풍부하게 만들 수 있고,
온 삶은 명상 훈련이 될 수 있습니다."

03 어려운 사람이나 상황을 마주하기에 앞서 심호흡하면서 숨을 내쉴 때 부정적인 감정들을 모두 놓아주세요.

04 모든 업무를 집중 수행의 대상이라고 생각하고 완전히 집중해보세요. 방해 요소가 생긴다면 명상할 때 생각을 다루듯 그저 알아차린 뒤 다시 부드럽게 업무에 집중해보세요.

05 스마트폰을 보거나 이메일에 답장할 때 마음의 상태를 살펴보세요. 스트레스 받거나 불안한가요? 침착하고 자신 있나요? 어느 감정이든 명상적으로 접근해보세요(144~145쪽 참고).

06 밥을 먹을 때 몸의 감각에 주의를 기울여보세요. 시간을 들여 진정으로 음식을 경험해보세요. 질감과 색은 어떤가요? 향은요? 한 입 먹을 때마다 가능한 한 많은 맛을 느껴보세요. 각각의 맛에 몸과 마음이 어떻게 반응하는지 살펴보세요.

07 무언가를 하려고 스마트폰을 들었다면 그 일을 끝내기 전에는 다른 어플이나 알림창을 켜지 마세요.

08 누군가와 대화를 나눌 때 현재에 완전히 충실해보세요. 시선을 고정시키고 사람들의 보디랭귀지를 살펴보세요. 무엇을 말하는지 진정으로 귀 기울여 듣고, 어떤 반응을 보일지 고민해보세요.

디지털 방해 요소

명상으로 다스리는 방법

기술은 멋진 도구이지만, 늘어난 상호연계성은 일상 속 알아차림을 저해하고 불안과 과잉 자극, 결핍감을 유발할 수 있습니다. 명상은 기술의 혜택을 누릴 때 위험 요소를 피하는 데 도움이 됩니다.

기술은 지식 함양이나 타인과의 연결 등 여러 목적을 위해 사용할 수 있지만, 막상 사용하다보면 주의가 산만해지거나 이용 목적을 잊기 쉽습니다. 이메일과 SNS, 메시지가 계속 화면에 떠올라 우리의 주의를 사로잡는다면 마음을 집중하고 평안을 찾는 데 특히 방해가 될 수 있습니다.

이는 명상을 통해 배우는 기술들이 매우 중요한 또 다른 이유이기도 합니다. 집중하는 사람은 방해 요소를 차단하고 순간적 만족의 유혹을 뿌리칠 수 있습니다. 이는 살아가면서 성공할 확률을 크게 높여주기도 합니다. 나아가 자신이 기술과 어떻게 상호 작용하는지 알아차린다면 기술에 압도되는 대신 기술을 주도적으로 사용할 수 있을 것입니다.

기술과 보다 건강한 관계를 맺는다면 자유, 비반응 등 명상 원리를 일상 속에서 단련하여 수행을 심화하는 데에도 도움이 됩니다.

자기 인식(self-awareness) 연습

기술을 통해 무엇을 구하고 싶은지, 그리고 그것이 여러분에게 어떤 영향을 미치는지를 파악한다면 기술을 언제 어떻게 사용할지 보다 의식적으로 택할 수 있습니다. 스마트폰이나 컴퓨터에 손이 갈 때 무엇이 이 행동을 야기했는지 알아차려보세요. 기기를 사용하는 도중 다른 방향으로 끌려가지는 않는지 살펴보세요. 기술을 사용하기 이전, 도중, 그리고 이후 몸과 마음의 느낌을 관찰해보세요. 기술이 여러분에게 미친 영향과 이로 인해 생겨난 감각, 감정, 생각을 살펴보세요. 메시지를 읽었을 때 안심되었나요, 아니면 불안해졌나요? 순간적인 만족감을 마구 느끼고 곧 지루함에 빠지지는 않았나요?

마음놓침에서 마음챙김으로

대부분의 사람들은 버스를 기다리거나 아침을 먹을 때처럼 시간이 날 때마다 자연스럽게 스마트폰을 꺼냅니다. 잠들기 직전이나 일어나자마자 스마트폰을 확인하는 사람들도 많죠. 자기 인식을 이용하여 딱히 필요가 없는데도 스마트폰을 꺼내드는 순간을 알아차려보세요. 그 다음 마음을 놓치는 습관을 마음을 챙기는 습관으로 바꿔보세요. 심호흡을 해도 좋고, 마음을 살펴보아도 좋고, 주변을 즐겨보아도 좋습니다. 미니 명상(44~53쪽 참고)을 해볼 수도 있습니다. 처음에는 쉽지 않겠지만, 시도해볼 만한 일입니다.

> "기술은 끊임없이 방해
> 요소를 선사합니다.
> 그러므로 우리는 어느
> 때보다도 명상을 해야
> 합니다."

기본 원칙 정하기

기술과 여러분의 관계를 알아차릴 수 있게 되었다면,
이제 기술을 어떻게 사용할지 지침을 정해 주도권을
되찾아옵시다. 다음과 같은 규칙을 정해보세요.

아침 먹기 전과 밤 10시 이후 인터넷 사용하지 않기

이메일과 SNS는 하루 두세 번만 확인하기

일주일 혹은 한 달에 하루 전자기기 사용하지 않기

전화, 이메일, 메시지에 응답하기 전 심호흡 한 번 하기.
이는 명상 원칙 중 하나인 비반응을 연습하기 좋은
방법입니다(144~145쪽 참고).

알림이 오는 어플은 스마트폰, 태블릿PC, 컴퓨터
당 다섯 개 이하로 설치하기. 소식을 놓치고 있다는
느낌이 든다면 그저 그 기분을 살펴보고 계속해보세요.
그래도 느낌이 사라지지 않는다면 명상을 통해 감정을
다스려보세요(144~145쪽 참고).

스스로 정한 지침을 지켜 새로운 습관을 들이려면
의지력이 필요합니다. 이는 명상을 통해 기를 수
있습니다(22쪽 참고).

멈춤, 호흡, 지속

감정을 다스리는 명상

감정은 상황에 따라 나도 모르게 튀어나오곤 합니다. 마치 통제할 수 없을 것만 같죠. 명상은 감정에 정면으로 대처하는 방법, 감정에 덜 반응하는 방법을 알려줍니다. 이로써 우리는 아무렇게나 사는 대신 보다 계획적으로 살 수 있습니다.

어처구니없는 실수를 한 적, 혹은 감정적으로 반응했다가 곧장 후회해버린 적이 많지 않나요? 모두 기본 설정인 자동 모드로 살고 있기 때문에 일어나는 일들입니다. 여기에는 수치심, 잘못된 결정, 기회 상실 등의 대가가 따를 수 있습니다.

모든 상황에서 무엇이 최선인지를 곧장 알 수는 없지만, 시간이 지난 뒤에야 무엇을 했어야 했고 하지 말았어야 했는지 정확히 깨달을 때가 많았을 겁니다. 다만 당시에는 지금과 같은 입장에서 상황을 파악하고 행동할 여유가 없었을 뿐이죠. 감정 또한 거기서 중요한 역할을 했을 겁니다. 그 감정들이 떠오르지 못하게 막을 수는 없지만, 감정에 어떻게 반응할지를 바꿀 수는 있습니다. 명상을 통해 기술을 연마한다면 수많은 고통에서 벗어날 수 있을 것입니다.

알아차림, 휴식, 집중

명상을 통해 알아차림을 갈고 닦으면 자신의 감정 상태와 느낌을 의식할 줄 알게 됩니다. 그것들을 판단하지도 않고, 마음속으로 쓸데없는 이야기를 덧붙이지도 않게 됩니다. 이를 통해 우리는 감정을 판단하는 대신 있는 그대로 관찰할 수 있으며, 마음속으로 쓸데없는 이야기를 덧붙이지 않을 수도 있습니다. 또한 스스로의 행동을 더 잘 살필 수 있고, 감정이 튀어나오기에 앞서 방아쇠가 당겨졌을 때 곧장 알아차릴 수 있게 해줍니다.

명상을 통해 몸과 마음을 이완한다면 평안을 얻을 수 있으며 이를 일상생활에 가져 올 수 있습니다. 또한 명상 대상에 계속해서 주의를 기울인다면 집중력을 갈고닦아 예전이라면 마음대로 결론짓거나 반사적으로 말하고 행동했을 상황에서도 평정을 유지할 수 있습니다. 나아가 마음이 부정적인 생각이나 느낌의 패턴으로 흘러갈 때를 알아차릴 수 있습니다. 이 기술을 이용하여 불편하거나 쓸모없는 감정을 가라앉히고 긍정적인 감정을 북돋워보세요(다음 페이지 참고).

비반응의 만트라

이 기술들은 일상생활 속에서 덜 반응하고 더 쉬어갈 수 있는 '비반응(non-reactivity)'을 선사합니다. 쉬어갈 수 있다면 방아쇠가 당겨졌을 때 투쟁-도피 반응을 가라앉히고 이성을 깨워 보다 신중히 반응을 택할 수 있습니다. 강력한 감정에 대처하려면 다음 페이지의 지시를 따라보세요.

> "명상은 감정의 세계를 항해하는 데 필요한 도구를 선사합니다."

통합하고 심화하기

감정 조절하기

명상은 감정 상태와 느낌을 보다 잘 알아차리고 이를 조절하는 기술을 통해 통제권을 되찾을 수 있도록 도와줍니다.
우선 감정이나 느낌을 어떻게 하고 싶은지 결정하는 것부터 시작해보세요.

감정

그대로 둘까?

몸과 마음에 일어나는 일들을 관찰해보세요. 스스로를 판단하지 말고, 일어나는 일들을 해석하지도 마세요. 감정이 혼자 날뛰게 내버려두고 지켜보세요. 단 감정에만 너무 주의를 집중한다면 자칫 감정에 매몰될 수 있으므로 주의하세요.

가라앉힐까?

감정에 '화', '낙담', '슬픔', '불안' 등 한 단어로 된 이름을 붙여보세요. 어떤 감정인지 보다 명확하고 객관적으로 파악하여 감정의 힘을 어느 정도 즉각 약화시키고 통제하기 쉽게 만드는 데 도움이 됩니다.

키울까?

자애 명상(134~135쪽 참고)에서 사랑을 키웠던 것과 마찬가지로 오롯이 주의를 기울이며 감정을 키워보세요. 모든 감정은 일시적이므로 언젠가는 사라질 테지만, 이 과정을 거친다면 감정은 더욱 오래 지속되며 마음속에 진한 인상을 남길 것입니다.

4초 들이마시고 4초 내쉬는 심호흡을 3~5회 하세요. 가능하다면 더 오래 들이마시고 내쉬는 심호흡을 조금 더 해보세요. 각각의 감정은 저마다 다른 호흡 패턴과 연결되어있으며, 심호흡을 하면 몸에게 감정을 가라앉히라는 신호를 보낼 수 있습니다.

몸의 어느 부위에서 감정이 일고 있는지 파악해보세요. 어깨의 긴장감일 수도, 가슴의 답답함일 수도 있습니다. 숨을 내쉴 때마다 그 감각을 의식적으로 놓아보세요.

멈춤, 호흡, 지속

정복을 위한 시각화

개인적 문제를 극복하는 명상

일에 대한 의욕 부족, 혹은 연애에 대한 자신감 부족 등 마음속 장애물이나 개인적인 도전 과제가 있다면 명상을 통한 시각화 기술이 이를 극복하는 데 큰 도움이 될 것입니다.

우리는 모두 사회불안증, 미루는 습관, 혹은 부정적인 자기 암시 등 극복하고 싶은 여러 감정적·심리적 문제를 가지고 삽니다. 다양한 기법의 명상을 통해 시각화 능력을 기른다면 성공을 위한 보다 효과적인 길을 찾을 수 있습니다.

미리 보기

시각화 수행을 개인적 도전 과제와 마주치는 연습이라고 생각해보세요. 문제되는 상황에 처했다고 상상한 뒤, 목표로 삼은 행동을 하고 감정을 느끼는 자기 자신을 시각화해보세요. 단 목표를 완전히 달성한 자신을 그려서는 안 됩니다. 예컨대 사회불안증을 해결하고 싶다면 특정 상황에서 전혀 불안해하지 않는 자신을 그려서는 안 됩니다. 실제로 그 상황이 닥치면 불안해질 테고, 그러면 시각화도 소용이 없다고 생각하게 될 테니까요. 대신 불안이 떠오르는 모습, 그리고 이를 극복하려는 자신의 모습(다음 페이지 참고)을 그려보는 겁니다. 예컨대 불안과 마주앉은 채 "나는 대처법을 알아. 극복할 수 있어. 언제든 또 할 수 있지!"라고 생각하는 자신을 그려보세요. 시각화 능력을 연마할수록 개인적 문제를 극복하는 데 도움이 될 것입니다. 이 능력을 기르려면 내관(98~99쪽)이나 시각화 명상(104~105쪽) 등 시각화를 포함하는 기법, 혹은 트라타카(102~103쪽)나 제3의 눈 명상 1, 2(108~109쪽) 등 시각에 집중하는 기법을 선택해보세요.

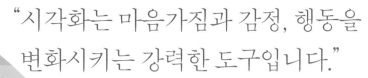

"시각화는 마음가짐과 감정, 행동을
변화시키는 강력한 도구입니다."

사회 불안 정복에 집중하기

이 기법은 사회 불안을 유발할 수 있는 상황에 앞서 마음의
준비를 하는 방법이지만, 여타 개인적 문제에 적용해볼
수도 있습니다.

01 편안하게 앉거나 누워 눈을 감고 코로 심호흡하세요.
몸에 힘을 빼고 마음을 가라앉히세요.

02 사회 불안을 유발할 수 있는 상황을 머릿속에
그려보세요. 사교 모임이나 데이트도 좋습니다.
그 상황에 처한 자신을 상상해보세요. 가능한 한
뚜렷하고 자세하게 그려보세요.

03 상황 속에 놓인 자신을 살펴보세요. 몸에 어떤
느낌이 이는지 느껴보세요. 어떤 생각이 떠오르는지
관찰해보세요. 온갖 방법을 동원하여 정말 일어나는
일인 것처럼 마음속 불안을 일으켜보세요.

04 스스로가 불안해진 자신을 발견하고
심호흡해야겠다고 생각하는 모습을 지켜보세요.
스스로 심호흡하고 몸을 이완하는 모습도
시각화해보세요. 얼마 후 불안이 사라지는 모습도
살펴보세요. 침착하게 그 순간을 사는 모습을 보세요.

05 이제 자신감 있게 행동하는 자신을 그려보세요.
단호하게 말하는 모습, 악수를 건네며 자기를
소개하는 모습도 좋습니다. 가능하다면 5~10분 정도
해보세요. 그 상상을 진짜처럼 느껴보고, 마음속에
강한 인상을 남겨보세요. 확언을 활용해도 좋습니다.

06 준비가 되었다면 이제 시각화를 놓아주세요. 잠시
호흡을 관찰한 뒤 스스로에게 말해주세요. "나는
사회 불안에 대처하는 방법을 알아. 언제든 극복할 수
있어."

문제 해결을 위한 마음가짐

명확한 정신을 위한 명상

집중력을 높이고, 정신을 맑게 비우며, 머릿속 소란을 줄이고, 더 큰
그림을 볼 수 있다면 인생의 문제들을 얼마나 더 쉽게 해결할 수 있을지
생각해보세요. 다행히도 모두 명상을 통해 해낼 수 있습니다.

일에서든 사생활에서든 여러분이 해결해야 할 문제가
있다면 떠올려보세요. 아마 해결해야겠다는 다짐과
부딪히는 다른 생각들이 꼬리에 꼬리를 물고 떠오를
겁니다. 명상은 이처럼 방해되는 소란을 잠재우고
필요한 곳에 집중할 수 있게 도와줍니다.

주의와 집중

명상은 계속해서 명상 대상에만 오롯이 주의를
집중하는 연습이며, 대상에 주의를 집중할수록 의식
속의 대상도 선명해집니다. 주의를 연속적이고
안정적으로 기울일 수 있다면 보다 명확하게 생각할 수
있게 되는데, 이는 집중력과도 관련이 있습니다.
몇 달 간 매일 수행하며 집중력을 기른다면 문제를
떠올렸을 때 오직 관련된 생각들만 이어갈 수 있으며,
결과적으로 인지력을 낭비하지 않고 문제 해결에 쓸 수
있습니다. 생각들을 들여다보는 대신 알아차림 자체에
집중한다면 더 큰 그림을 보는 데에도 도움이 됩니다.
문제 해결에 뛰어들기에 앞서 5~10분간 명상하여
마음을 깨끗이 비운 뒤 시작해보세요. 마음이나
느낌보다는 몸과 감각에 바탕을 둔 기법들이 문제
해결을 위한 여유를 구하는 데 더 도움이 될 겁니다.
정말 어려운 문제를 해결하려 할 때는 다음 페이지의
수행을 해보세요.

> **인지력**
>
> 명상을 통해 집중하는 기술을
> 연마하고 마음속 소란을
> 잠재운다면 인지력을 아껴 문제
> 해결에 사용할 수 있습니다.

"집중, 맑은 정신, 그리고 주관이 있다면 문제를 창의적으로 해결할 수 있을 겁니다."

문제 해결에 집중하기

이 수행에 대한 모든 기대를 버리고 시작하세요. 해답은 한참 지난 후에야 떠오를 수도 있고, 완전히 잊어버린 어느 날에야 명상을 하다가 문득 떠오를 수도 있습니다.

01 10~15분 간 문제 해결 대상에 대하여 생각하세요. 커다란 종이나 칠판에 문제의 모든 변수들을 적어보세요. 깊이 생각하지 말고 넓게 생각하세요. 모든 변수들을 떠올리고 그 관계들을 살펴보는 과정입니다.

02 20분 간 명상하세요. 몸과 감각에 집중하는 기법이 가장 좋습니다. 가능한 한 문제를 잊어보세요. 방금 받아들인 정보를 잠재의식이 흡수하고 처리하는 여유를 주는 과정입니다.

03 명상을 끝내기 직전, 명상 대상을 놓아주고 마음속에 여러분의 문제를 다시 불러와보세요. 완전히 불러왔다면 이제 이를 대상으로 명상해보세요.

04 문제에 대하여 적극적으로 생각하지는 마세요. 문제의 모든 변수를 가볍게 훑어보면서 여러 아이디어들을 스치듯 알아차려보세요. 열린 마음, 파노라마 같은 알아차림으로 마음속에 상영되는 생각들을 지켜보세요. 새로운 통찰이나 관계가 드러나는지 살펴보세요.

05 명상을 마무리한 뒤 다시 변수를 적어둔 종이나 칠판을 보세요. 문제를 창의적이고 효과적으로 해결할 준비가 한층 되었을 겁니다.

성장과 번영

명상을 통한 개인적 성장

명상이 침착함과 인내력, 집중력 등 중요한 힘을 기르는 데 도움이 된다는
점은 우리 모두 이미 알고 있습니다. 여기에 더하여 명상은 용기를
키우거나 친절함을 기르는 등 장기적인 변화도 불러올 수 있습니다.

개인의 장기적인 성장, 예컨대 개인의 강점을 기르는
일에는 명상을 통해 기를 수 있는 두 가지 핵심 기술인
자기 인식(self-awareness)과 의지력이 필요합니다.
우선 자신의 강점을 연습할 기회를 인식하려면 자기
인식이 필요하고, 마음먹은 대로 사는 데에 주의를
집중하고 계속해 나가려면 의지력이 필요합니다.
명상에서도 자주 훈련했던 방식과 마찬가지입니다.
마음의 산만함을 알아차린 뒤 원하는 곳에 다시 주의를
집중하는 식이죠.
기술은 명상을 통해 배울 수 있지만, 그렇다고 변화가
저절로 찾아오지는 않습니다. 성장하려면 명상
바깥에서도 그 기술들을 능동적으로 사용하면서
차근차근 나아가야 합니다.

몸부터 시작하세요

기르고 싶은 자질이 있다면 마음속을 바꾸려 하기에
앞서 우선 요가 니드라(92~93쪽 참고)나 위빠사나(86~87쪽
참고), 마음챙김 명상(82~83쪽 참고) 등의 기법들에서
갈고닦은 자기 인식을 활용하여 그 자질과 쌍을 이루는

신체 상태를 만들어보세요. 예컨대
용기를 기르고 싶다면, 용기가 부족할
때나 뜻을 굽힐 때 몸에 어떤 감각이
느껴지는지 생각해보세요. 아마 어깨가
긴장되고 뱃속이 울렁거릴 것입니다. 다음으로
용기를 내고 두려움이나 불안을 극복했을 때를
상상하며 그 순간의 신체적 감각을 느껴보세요. 용기가
샘솟았을 때, 두려워도 아랑곳 않고 나섰을 때
등 느껴보고 싶은 상황을 마음껏 상상해보세요.
가슴이 벅차오르고 근육에 활기가 넘치는 느낌일
겁니다. 이 차이를 이해한다면 용기의 신체적 감각을
의식적으로 불러일으켜 원하는 자질을 불러일으킬 수
있게 될 겁니다.

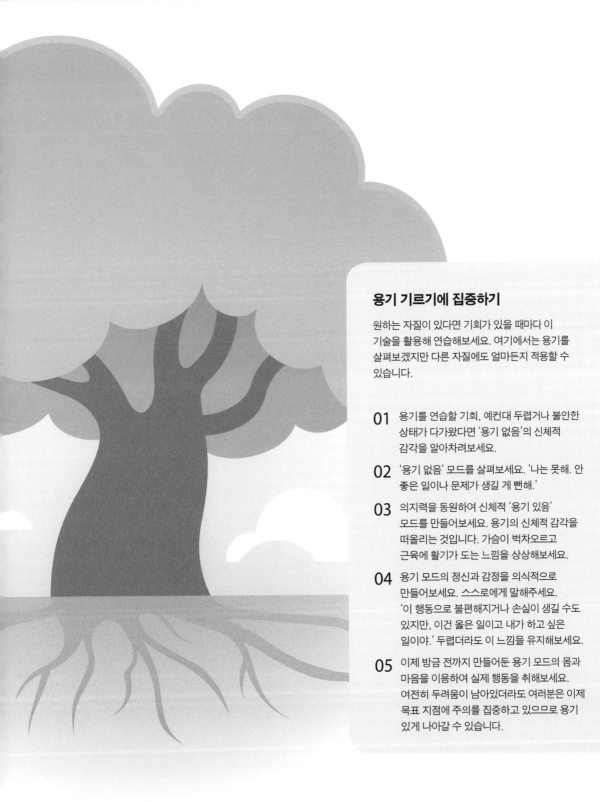

용기 기르기에 집중하기

원하는 자질이 있다면 기회가 있을 때마다 이 기술을 활용해 연습해보세요. 여기에서는 용기를 살펴보겠지만 다른 자질에도 얼마든지 적용할 수 있습니다.

01 용기를 연습할 기회, 예컨대 두렵거나 불안한 상태가 다가왔다면 '용기 없음'의 신체적 감각을 알아차려보세요.

02 '용기 없음' 모드를 살펴보세요. '나는 못해. 안 좋은 일이나 문제가 생길 게 뻔해.'

03 의지력을 동원하여 신체적 '용기 있음' 모드를 만들어보세요. 용기의 신체적 감각을 떠올리는 것입니다. 가슴이 벅차오르고 근육에 활기가 도는 느낌을 상상해보세요.

04 용기 모드의 정신과 감정을 의식적으로 만들어보세요. 스스로에게 말해주세요. '이 행동으로 불편해지거나 손실이 생길 수도 있지만, 이건 옳은 일이고 내가 하고 싶은 일이야.' 두렵더라도 이 느낌을 유지해보세요.

05 이제 방금 전까지 만들어둔 용기 모드의 몸과 마음을 이용하여 실제 행동을 취해보세요. 여전히 두려움이 남아있더라도 여러분은 이제 목표 지점에 주의를 집중하고 있으므로 용기 있게 나아갈 수 있습니다.

직장인을 위한 명상

실용적 도구로서의 명상

어느 분야에서 일하든 여러분은 명상을 통해 맑은 정신과 집중력, 주관을 얻고 건강과 행복을 키울 수 있습니다. 여러분이 균형을 잡고 삶을 즐기면서도 직장에서 성공하길 원한다면 반드시 필요한 요소들입니다.

직장에서의 업무 수행 능력 향상은 사람들이 명상을 찾는 가장 큰 이유 중 하나입니다. 명상의 생산성 향상 및 업무 관련 스트레스 완화 효과가 증명된 이래 명상을 이용하려는 고용주들도 많아졌습니다.
매일 명상한다면 주의력과 집중력을 기르고(22~23쪽 참고) 정신을 맑게 비워(148~149쪽 참고) 점차 업무 수행 능력과 만족도를 높일 수 있을 것입니다. 이 측면에서 보다 적극적이고 의식적으로 발전하고 싶거나 발전 속도를 높이고 싶다면 명상의 핵심 기술인 휴식과 알아차림, 집중을 근무에 더해보세요.

휴식과 긴장 풀기
- **회의 전 쉬어가기**. 회의에 앞서 혼자 조용한 곳에 앉아 1분간 휴식하며 몸과 호흡을 살펴보세요.
- **먼 곳 응시하기**. 눈앞에 놓인 일에서 시선을 돌려 창문 너머 지평선을 응시하며 마음과 눈을 편안하게 쉬어주세요.
- **심호흡하기**. 근무 중 스트레스나 불안이 극에 달할 때면 5분간 교호 호흡을 해보세요(168~169쪽 참고).

스트레스 해소에 집중하기

여기서 소개하는 점진적 근육 이완 기법(PMR)은 일과 중 느껴지는 긴장감이나 스트레스를 누그러뜨리는 데 도움이 됩니다. 책상에 앉아서, 또는 잠시 화장실을 다녀올 때 연습해보세요. 다친 곳이 있다면 우선 의사와 상의하세요.

01 가능하다면 자리에 앉는 것이 이완에 보다 도움이 됩니다. 이제 숨을 깊이 마시면서 한쪽 다리와 발의 모든 근육을 수축시킨 뒤 5~10초가량 버텨보세요.

02 숨을 깊이 내쉬면서 다리와 발의 모든 신체적 긴장을 풀어주세요. 가만히 쉬려는 것만으로는 느낄 수 없는 깊은 해방감이 느껴질 것입니다.

03 잠시 쉬면서 크게 심호흡한 뒤 반대편 다리와 발에도 똑같이 해보세요.

04 다른 부위에도 똑같이 해보세요. 엉덩이, 배, 양손과 양팔, 어깨, 목, 얼굴까지 조금씩 위로 올라와보세요.

> "근무에 명상을 더해 넣는다면 수행 능력과 업무 능력 모두 향상시킬 수 있습니다."

계속 ▶

알아차림 확장하기

● **점심시간**. 식사 전 5~10분 동안 조용히 앉아 가장
좋아하는 명상을 수행해보세요. 근처 공원에서, 혹은
회사 내 빈 방에서도 좋습니다.

● **약식 걷기 명상**. 누군가와 이야기하면서 걷거나, 회의에
가는 길이거나, 커피를 마시러 갈 때 마음을 챙기며
걸어보세요. 잠시나마 생각하는 마음에서 벗어나서
발이 바닥에 닿는 느낌, 걸을 때의 호흡 등에 주의를
기울여보세요.

● **마음챙김 소통**. 타인과의 대화는 자기 인식을 연습할
좋은 기회입니다. 타인과 대화할 때 스스로에게 다음의
네 가지 질문을 물어보세요. 말하거나 들을 때 마음
상태가 어떤가요? 몸이 긴장되고 떨리나요, 아니면
편안하게 현재에 존재하나요? 여러분의 말투, 목소리
톤, 표정이 상대방에게 어떤 영향을 미치나요? 상대방의
말을 제대로 듣고 있나요?

집중 갈고닦기

● **명상처럼 일하기**. 일과 관련해서 하는 활동들을 명상
수행처럼 대해보세요. 일을 할 때 매 순간 완전히
충실하며 집중한다는 뜻입니다. 명상할 때 방해 요소를
놓아주듯, 일할 때에도 계속해서 방해 요소들을
털어내보세요.

● **멀티태스킹 피하기**. 위의 지침을 한 번에 한 가지
일에만 적용해보세요. 여러 건의 인지적 과제를 동시에
수행한다는 것은 생산성 측면에서도 비효율적일 뿐만
아니라 마음을 불안하게 만들고 집중을 흐트러뜨리는
일입니다.

● **방해 요소 줄이기**. 방해보다는 집중에 도움이 되는
환경을 만들어보세요. 예컨대 책상 위에 물건을 두지
마세요. 스마트폰 없이 회의에 들어가세요. 컴퓨터로
일한다면 지금 이 순간 업무에 필요한 문서, 소프트웨어,
브라우저 등만을 켜두세요.

점심시간 되찾기

하루 중 일터에서 나와 쉬는
시간은 여러분의 생산성을
높여줍니다.

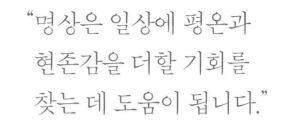

"명상은 일상에 평온과
현존감을 더할 기회를
찾는 데 도움이 됩니다."

일터에서의 행복

동료와의 관계 개선을 원한다면 동료를 명상
대상으로 삼아 자애 명상(134~135쪽 참고)을 해보세요.

힘든 회의나 과제를 준비하려면 시작하기에 앞서
시각화를 활용해보세요(146~147쪽 참고).

강한 감정이 떠오른다면 명상으로
다스려보세요(144~145쪽 참고).

앉아서 오래 일한 날이라면 요가 아사나(94~95쪽
참고), 태극권(96~97쪽 참고), 경행(90~91쪽 참고) 등의
역동적 명상이나 요가 니드라(92~93쪽 참고)와 같이
깊이 휴식하는 명상을 해보세요.

운동선수를 위한 명상

정신 싸움 마스터하기

어느 종목이든 운동선수들은 성공하기 위해 의욕 저하부터 불안과 걱정으로 인한 에너지 부족까지 수많은 정신적 장애물을 넘어야 합니다. 명상은 여러분이 스스로의 마음을 다스려 경기까지 다스릴 수 있도록 도와줍니다.

운동 훈련은 반복을 사랑하게 되는 과정이라고도 할 수 있습니다. 같은 훈련을 계속 되풀이하면서도 매번 최선의 집중력과 에너지를 발휘해야만 하죠. 방해되는 생각이나 부정적인 감정에 주의를 빼앗겨서도 안 되고, 의욕을 잃어서도 안 됩니다. 정신적 수준에서라면 명상이 이를 도와줄 수 있습니다.

명상은 또한 좌절과 고통, 스트레스, 격한 훈련에서 회복할 정신적 힘을 기르고, 수면의 질을 높여 회복 시간을 줄이며, 자기 수양을 뒷받침함으로써 운동 능력 향상에 도움을 줍니다. 매일 명상을 한다면 원하는 많은 효과를 볼 수 있겠지만, 그중에서도 특별히 단련하고 싶은 부분이 있다면 다음을 참고하세요.

- **의지력과 집중력**: 좌선(84쪽), 트라타카(102쪽), 제3의 눈(108쪽)

- **의욕과 자신감**: 위빠사나(86쪽), 미니 명상 1(44쪽), 제3의 눈(108쪽)

- **동료 선수와의 관계**: 마음챙김(82쪽), 자애(134쪽), 이름 붙이기(112쪽)

> "명상과 함께라면 당신이 하는 운동은 개인적 성장과 자아실현의 도구가 됩니다."

몸과 마음 가다듬기에 집중하기

01 등받이 없는 벤치나 의자에 척추와 목을 곧게 세우고 앉으세요.

02 1분여 간 온몸의 외부와 내부를 느껴보세요. 무게와 형태를 느껴보세요. 여러분의 몸은 고도로 훈련된 도구입니다. 마음이 몸과 서로 친밀해지고 하나가 되게끔 해보세요. 앞으로 다가올 중요한 순간에 최선을 다해 헌신해달라고 몸에게 부탁해보세요. 몸이 극도로 강해지고, 유연해지고, 빨라지는 느낌을 느껴보세요.

03 이제 호흡에 주의를 집중해보세요. 5초간 코로 깊이 들이마신 뒤 10초간 숨을 멈추었다가 다시 5초간 내쉬어보세요. 집중하지 않아도 할 수 있을 만큼 쉽게 느껴진다면 7초간 마시고 14초간 멈추었다가 7초간 내쉬어보세요.

04 호흡과 함께 휴식해보세요. 숨을 마실 때마다 에너지, 힘, 체력이 차오르는 느낌을 느껴보고, 숨을 멈출 때마다 그 힘들이 온몸의 근육에 스며드는 느낌을 느껴보세요. 숨을 내쉴 때에는 모든 두려움과 걱정, 피로를 내보내세요.

05 이 호흡법을 4~5분 간 계속하세요. 여기서 명상을 마무리하고 자신감 있게 나아가도 좋고, 마무리하기에 앞서 5~10분간 목표를 달성하는 자신을 마음속에 그려보아도 좋습니다(146~147쪽 참고).

연설가를 위한 명상

자신감 있게 말하기

대부분의 사람들은 직장에서 발표하거나 면접을 볼 때, 혹은 결혼식 주례를 볼 때 등 살아가면서 몇 번씩 다른 사람들 앞에서 연설해야 할 때가 있습니다. 연설은 매우 부담스러울 수 있는 일이지만, 명상을 통한다면 신경을 안정시키고 최선을 다할 수 있습니다.

연설을 앞둔 많은 사람들은 자기 신경을 통제하기 어려워합니다. 두려움과 불안에 사로잡히거나 신경이 곤두서있다면 목소리가 떨리고 말이 빨라져 연설의 효과가 떨어질 수 있습니다. 또한 초조하게 주변을 두리번거리느라 산만해질 수도 있고, 너무 유순해서 무대를 장악하지 못할 수도 있습니다. 패닉에 빠져 연설 자체를 잊어버릴 수도 있죠.

침착함은 좋은 연설에 반드시 필요한 요소이므로, 스피치나 프레젠테이션을 준비하고 있다면 휴식과 알아차림을 강조하고 호흡과 몸에 집중하는 명상 기법을 활용해보세요. 연설문을 까먹을까봐 긴장된다면 집중을 강조하는 명상 기법을 수행하세요. 초조함을 극복하는 데에는 시각화를 활용해도 좋습니다(146~147쪽 참고).

연설하는 동안 생각과 감정이 떠오른다면 이를 알아차리되, 앞서 배운 호흡법과 알아차림 기술을 사용하여 바로 그 순간 자신의 몸에 의지해 안정감을 찾아보세요. 긴장과 불안이 여전히 남아있더라도 이를 다스리면서 훌륭하게 연설을 해낼 수 있습니다.

신경 안정에 집중하기

연설을 앞두고 불안이 느껴진다면 상자 호흡(box breathing)이라고 알려진 호흡법이 마음을 진정시키고 자신감을 북돋워 연설할 준비가 되도록 도와줄 것입니다. 이 호흡법은 아무도 모르게 조용히 할 수 있습니다.

01 눈은 떠도 좋고 감아도 좋습니다. 편한 대로 하세요. 앉든 서든 목과 척추를 곧게 펴세요.

02 4초간 코로 숨을 들이마신 뒤 4초간 숨을 멈추세요.

03 4초간 숨을 내쉰 뒤 4초간 숨을 멈추었다가 다시 4초간 숨을 들이마시세요.

04 모두 느리고 깊고 고르게 복식으로 호흡하세요.

05 10~20번 반복하세요. 4초가 너무 어렵다면 3초로 시작한 뒤 몇 라운드가 지나면 4초로 늘려보세요. 따로 집중할 필요가 없을 만큼 쉽게 느껴진다면 5, 6초로 늘려보세요.

> "매일 명상한다면 연설할 때에도
> 침착하고 자신감 있을 수 있습니다."

연설가를 위한 명상

창의력을 위한 명상

저 너머에서 오는 영감

창의력은 인간의 놀라운 능력 중 하나이지만 마음의 소란이나 이성적이고 융통성 없는 생각 패턴 때문에 말라버리기 쉽습니다. 어떤 식으로 창의력을 발휘하고자 하든, 명상은 엉킨 생각의 타래를 풀고 영감을 줄 수 있습니다.

창의적인 아이디어나 해결책을 떠올리려 애써본 적이 있나요? 그것을 까맣게 잊은 뒤에야 방안들이 떠오른 적이 있지 않나요? 창의력을 제대로 발휘하려면 우선 '놓아주기'가 필요한데 이는 명상이 도와줄 수 있습니다. 놓아주는 마음가짐을 기르려면 알아차림을 강조하는 명상 기법이나 마음챙김(82~83쪽 참고), 위빠사나(86~87쪽 참고) 등의 관조 명상을 수행해보세요.

관조 명상은 떠오르는 모든 것들을 판단 없이 살펴보도록, 또 주변을 좀 더 잘 살피도록 도와주어서 틀에서 벗어난 생각과 새로운 것을 발견하는 능력을 길러주는 한편 모든 경험에 대하여 마음을 좀 더 열 수 있도록 도와줍니다. 모두 창의력에 필수적인 요소들이죠. 시각적 창작을 하려면 시각화 명상을, 음악가나 작곡가라면 소리 기반 명상을 해보세요. 전반적인 창의적 사고를 원한다면 제3의 눈(108~109쪽 참고), 좌선(84~85쪽 참고), 깊은 휴식 등 직감을 깨우는 명상을 해보세요.

영감 흘려 넣기에 집중하기

이 기법을 이용해 몸과 마음을 가다듬어보세요. 시작하기에 앞서 그림, 노래, 시 등 원하는 분야에서 영감을 주는 작품을 떠올려보세요.

01 편안한 자세로 앉아 눈을 감은 뒤 코로 세 번 심호흡하세요. 내쉴 때마다 몸을 가만히 이완시키세요. 입을 다물고 지금 이 순간 속에 편안히 휴식하세요.

02 선택한 작품을 마음속에 가능한 생생히 재현해보세요. 그 작품이 여러분의 의식에 스며들고 여러분의 마음과 하나가 되도록 두세요. 작품의 아름다움을 탐구해보고 그 안의 신비를 추적해보세요. 작품을 만들 때 그 예술가의 정신 상태가 어땠을지 상상해보고 느껴보세요.

03 다시 자신에게 주의를 집중하고, 살면서 영감이 넘쳤던 순간을 떠올려보세요. 그 순간은 어떤 느낌이었나요? 그때의 몸과 마음, 정신 상태는 어땠나요? 당시의 경험을 되살려보세요.

04 이제 새로운 창작 과제를 떠올려보세요. 마음이 텅 빈 캔버스이며 그것이 채워지기만을 기다리고 있다고 생각해보세요. 앞서 길러낸 영감의 방향을 틀어 이 캔버스에 가득 쏟아 부으세요.

05 영감이 흐르는 느낌이 든다면 눈을 뜨고 실제 창작에 돌입해보세요.

"명상은 창의력이 샘솟기 가장 좋은 정신 상태를 갖추는 데 도움이 됩니다."

다음 단계

수행 심화시키기

명상의 여정에는 끝이 없습니다. 늘 자신과 수행에 대하여 배우고 경험할 점이 남아있죠.
명상이 매일의 습관으로 굳건히 자리를 잡은 다음에는 이런 의문이 들 수도 있습니다.
"이 다음은 뭐지?"

매일 같은 기법으로 명상을 수행한 지 수개월이
지나면 마치 더는 발전하지 않는 것 같은 기분이 들기
시작하는데, 이는 매우 자연스러운 현상입니다. 여기서
수행을 더 심화시키려면 다음의 방법들을 시도해보세요.
여러분의 상황에 가장 알맞은 방법을 택하면 됩니다.

명상 시간 늘리기

한 번 명상할 때의 시간에 관한 정해진 규칙은 없지만,
일반적으로는 매일 20분 이상 수행할 것을 권합니다.
이미 20분 이상 수행하고 있다면 30~40분으로
늘려보세요. 명상의 영적 효과(28~29·176~177쪽 참고)를
구하는 사람이라면 많은 지도자들의 권고대로 매일 최소
40분에서 1시간 명상하세요.

양보다 질에 집중하기

명상의 질을 높이는 데에는 두 가지 방법이 있습니다.

하나는 강도를 높이는 방법이고, 하나는 명상 준비
과정을 거치는 방법입니다.

수행 강도를 높이려면 우선 수행에 완전히 몸을
맡기겠다고 단단히 다짐해보세요. 사람은 중요하다고
여기는 것에 주의를 집중하기 마련입니다. 명상을
중요하게 여기고 있는지 다시 확인해보세요. 마음속
불꽃을 지피는 데에는 집중의 기술을 마스터하는 것도
도움이 됩니다(74~75쪽 참고). 운동하기 전 준비운동을
하듯, 명상에 앞서 몸을 진정시키고 마음의 중심을
잡는다면 명상을 하기 위한 최적의 상태를 만드는 데
도움이 됩니다.

● **교호 호흡**(168~169쪽 참고), 허밍 비
  프라나야마(88~89쪽), 미니 명상 1(44~45쪽) 등을
  활용하여 몸과 호흡을 진정시켜보세요.
● **명상에 의례적 요소**를 더한다면 마음의 중심을 잡는
  데 도움이 됩니다(164~165쪽 참고).

일상에 명상 더하기

명상의 질은 곧 일상에 영향을 미치며, 일상 속 마음 상태 또한 명상에 영향을 미칩니다. 일과 사이사이에 휴식과 미니명상을 더하는 한편 일상적인 활동에 명상을 더하여(140~141쪽 참고) 느긋하고 너그러운 마음을 가져보세요.

수행과의 깊은 연결

시간을 들여 수행을 되돌아보고 교훈을 얻는다면 삶 속에서 명상이 차지하는 자리를 더욱 늘릴 수 있습니다.

- **경험**과 발전 과정 기록하기
- **수행**에 관한 자료 읽기(182~184쪽 참고)
- **명상 모임**에 참여해 다른 명상가들과 시간 보내기
- **명상 지도자**를 찾아 이야기하고, 영감을 얻고, 질문하기
- **명상 피정** 떠나기(174~175쪽 참고)

"수행을 심화시킨다면 더 많은 효과를 얻을 수 있습니다."

예 갖추기

의례적 요소 더하기

어떤 활동이나 행사에 의례 절차를 갖춘다는 것은 그것이 중요하다고 표시하는 것과 같습니다. 존중의 예를 갖춤으로써 보다 확실하게 주의를 집중시키는 거죠. 마음챙김과 똑같은 원리입니다.

의례는 모두 종교적이라고 생각하기 쉽지만, 사실 생일파티나 졸업식처럼 세속적인 의례들도 많습니다. 명상 수행에 간단하더라도 무언가 의례를 더한다면 수행이 중요한 일이라는 점을 스스로 되새길 수 있으며, 마음과 정신을 보다 깊이 수행하고 집중하는 데 도움이 됩니다. 예컨대 선 수행자들은 명상을 시작하기에 앞서 명상 방석에 절을 합니다. "나는 이제 중요한 일, 존중할 가치가 있는 일을 하려는 참이야. 현재에 충실하자! 이 자리에 앉는 건 텔레비전을 보려고 소파에 앉는 것과 달라!"라고 스스로에게 일러주는 셈이죠.

깊이 들어가기

의례는 명상에 반드시 필요한 요소는 아니지만 명상 경험을 심화시켜주므로 명상하는 습관이 든 다음이라면 한 번쯤 고려해볼 만한 요소입니다. 의미 있는 요소들로 수행 앞뒤를 장식한다면 나머지 하루에도 평안과 휴식을 더할 수 있습니다.

명상 의례는 단순해도 좋고 정교해도 좋으며, 세속적이어도 좋고 영적이어도 좋습니다(다음 페이지 참고). 매우 개인적이어도 좋고, 무언가 비밀로 해도 좋습니다.

"의례는 내적·외적 목표를
이루는 데 도움이 되도록
생각과 감정을 전환시켜
줄 도구입니다."

매일의 의례

다음의 아이디어를 활용하여 명상 수행에 한층 더
의미를 부여하고 일상에 평안과 휴식을 더해보세요.

명상을 시작하기 전,
손을 씻거나 세수하기
편한 명상용 옷 갖춰 입기
향을 피우거나 초 켜기
수행의 목적 정하기

명상을 마무리한 뒤,
명상 일기 쓰기
차 한 잔 마시면서 명상 돌이키기
마음을 챙기는 차분한 산책하기
확언 말하기
하루의 의지 다짐하기

명상을 방해하는 장애물 극복하기

개선의 여지 찾기

수행을 통해 최대의 효과를 얻지 못하고 있다는 기분이 든다면 여기서 설명하는 장애물들을 살펴보면서 어느 부분에 특히 노력을 기울여야 하는지 찾아보세요. 때로는 알아차리는 것만으로도 방해가 약해질 수 있습니다.

불교와 요가 전통을 비롯한 전통 사상에서는 명상을 심화하는 데 방해가 될 수 있는 정신 상태들을 밝혀놓았습니다. 장애물과 그 극복 방법을 살펴보는 것은 수행을 심화시키는 데 있어 중요한 한 단계입니다. 여기서 살펴볼 마음 상태들은 매우 정상적인 여정의 일환이며 오래도록 여러분의 명상에 따라올 것입니다. 우선 장애물들에 대한 의식을 기르고, 여기서 제안하는 해결 방법을 힘이 닿는 데까지 따라해보세요. 대부분은 인내와 끈기, 에너지를 가지고 계속해서 수행하는 것만으로 충분히 해결할 수 있지만, 몇몇 장애물에는 특정 해결책이 필요합니다. 조금이라도 발전한다면 스스로를 칭찬해주세요!

166

> "장애물은 모두
> 알아차림과 간단한 조치를 통해
> 극복할 수 있습니다."

수행에 대한
이해도를 높이고
지도자와 상담하기
(182~184쪽 참고)

의례적 요소 더하여
명상이 중요한
일임을 되새기기
(164~165쪽 참고)

길 위에서의 발전

여기서 설명하는 장애물과 해결책은 요가와 불교 전통에서 밝힌 것들입니다.

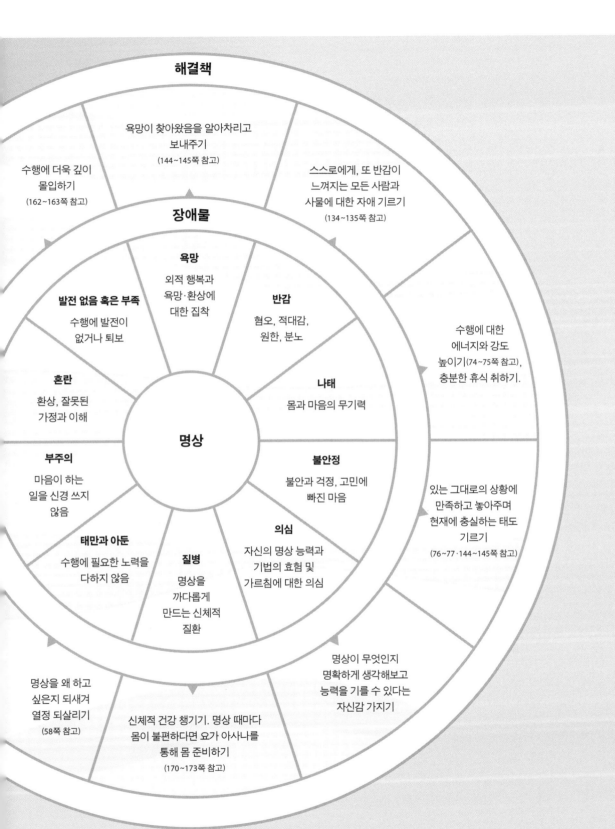

해결책

욕망이 찾아왔음을 알아차리고
보내주기
(144~145쪽 참고)

스스로에게, 또 반감이
느껴지는 모든 사람과
사물에 대한 자애 기르기
(134~135쪽 참고)

수행에 더욱 깊이
몰입하기
(162~163쪽 참고)

장애물

욕망
외적 행복과
욕망·환상에
대한 집착

반감
혐오, 적대감,
원한, 분노

발전 없음 혹은 부족
수행에 발전이
없거나 퇴보

나태
몸과 마음의 무기력

혼란
환상, 잘못된
가정과 이해

명상

수행에 대한
에너지와 강도
높이기(74~75쪽 참고),
충분한 휴식 취하기.

부주의
마음이 하는
일을 신경 쓰지
않음

불안정
불안과 걱정, 고민에
빠진 마음

있는 그대로의 상황에
만족하고 놓아주며
현재에 충실하는 태도
기르기
(76~77·144~145쪽 참고)

태만과 아둔
수행에 필요한 노력을
다하지 않음

질병
명상을
까다롭게
만드는 신체적
질환

의심
자신의 명상 능력과
기법의 효험 및
가르침에 대한 의심

명상을 왜 하고
싶은지 되새겨
열정 되살리기
(58쪽 참고)

신체적 건강 챙기기. 명상 때마다
몸이 불편하다면 요가 아사나를
통해 몸 준비하기
(170~173쪽 참고)

명상이 무엇인지
명확하게 생각해보고
능력을 기를 수 있다는
자신감 가지기

167

명상을 방해하는 장애물 극복하기

수행에 에너지 더하기

교호 호흡

명상에 앞서 가벼운 호흡법을 수행해 명상을 심화해보세요.
여기서 살펴볼 교호 호흡(nadi shodhana)은 요가에 바탕을 둔 매우 유명하고 효과적인 기법입니다.

교호 호흡은 오른손 엄지와 검지로 콧구멍을 막았다
열었다 하면서 한 번에 한 쪽 콧구멍으로만 숨을
쉬는 호흡법입니다. 오른쪽 설명을 따라 3~4분간
이 기법으로 호흡해보세요. 몸이 진정되고 신경이
안정되며 마음이 맑아질 것입니다.
이러한 효과 덕분에 교호 호흡은 명상에 앞선 좋은
준비운동이자 일상에 평온한 순간을 만들고, 압도적인
감정들을 다스리기에 좋은 방법입니다.

호흡 지침

수행하는 동안 코로 복식 호흡하세요(70~71쪽). 다음과
같이 호흡하세요.

- **느린 호흡**. 시간을 들이세요. 서두를 필요 없습니다.
- **깊은 호흡**. 들이쉴 때 공기를 가득 들이마시세요. 내쉴
  때 폐를 남김없이 비우세요.
- **고른 호흡**. 들이마시는 동안 빈 병을 부드럽게 물로
  채우듯 일정한 양의 공기를 고르게 들이마시세요.
  내쉴 때도 마찬가지입니다.

중간에 잠시라도 쉬거나 일반 호흡을 해서는 안 됩니다.
만약 중단해야겠다는 느낌이 든다면 보다 편안하게
느껴지는 길이로 호흡하되 내쉬는 시간을 들이마시는
시간의 두 배 비율로 하세요. 길게 호흡할수록
수행의 효과가 커지지만 무리하지 말고 자연스럽게
호흡하세요. 마무리할 때 숨이 모자라는 대신 평안과
에너지가 느껴져야 합니다.

01
어디든 편안하게 앉으세요.
명상 전 준비운동으로
수행한다면 명상 자세로
앉아서 해도 좋습니다.

02
눈을 뜨고 해도 좋지만 보다
깊이 휴식하려면 눈을 감는
편이 좋습니다.

03
코를 통해 숨을 깊이 들이마신
뒤 길게 내쉬며 입으로 작게
"아-" 소리를 내세요. 숨이 다
빠져나가면 입을 다무세요.

04
오른손 검지와 중지를 구부려
엄지 뿌리에 대세요. 엄지로
오른쪽 콧구멍을 막고 왼쪽
콧구멍으로 숨을 들이마시며
1, 2, 3 숫자를 세세요.

통합하고 심화하기

05

오른손 약지로 왼쪽 콧구멍을 막는
한편 오른쪽 콧구멍을 열어주세요.
숨을 내쉬며 1부터 6까지 세세요.

06

오른쪽 콧구멍을 통해 숨을
들이마시며 3까지 센 뒤, 오른쪽
콧구멍을 막고 왼쪽 콧구멍을 열어
숨을 내쉬며 6까지 세세요. 여기까지가
한 회입니다. 10~20회 반복하세요.

07

3초 들이마시고 6초 내뱉는 게
어렵다면 각각 2초, 4초로 줄여도
좋습니다. 반대로 너무 쉽다면
길이를 늘이되 날숨을 들숨의 두 배로
해주세요.

08

몸과 마음의 변화를 알아차려보세요.
들고 있던 팔을 편안하게 이완한 뒤,
눈을 감고 다음 명상으로 이어가거나
눈을 뜨고 수행을 마무리해보세요.

균형을 위한 호흡

요가 전통에는 프라나야마라는 다양한
호흡법이 있습니다. 이 호흡법에서는,

왼쪽 콧구멍은 부교감 신경계 및 우뇌와
연결되어 있으며

오른쪽 콧구멍은 교감 신경계 및 좌뇌와
연결되어 있다고 가르칩니다.

따라서 콧구멍을 한 쪽씩 번갈아가며
호흡한다면 신경계의 균형을 잡고 안정시킬
수 있으며 좌뇌와 우뇌의 상호작용을 늘릴 수
있습니다.

긴 시간의 명상 준비하기

명상을 위한 요가 아사나

적절한 자세와 소품을 활용한다면 20분간 충분히 편안하게 앉아 명상할 수 있습니다.
그러나 그보다 길게 명상하거나 피정을 시작하려 한다면 우선 신체 준비운동이 필요합니다.

요가 자세(아사나)는 본래 깊은 명상을 위하여 몸을
건강하고 유연하며 강하게 만드는 준비운동이었으며,
다음과 같은 효과가 있습니다.

- **골반과 무릎의 유연성 증가.** 골반과 무릎이
  유연할수록 보다 안정적이고 편안하게 명상할 수
  있습니다.
- **등 근육 발달.** 등 근육은 좌식 명상에서
  완전히 힘을 빼지 않는 유일한 부위이며,
  이를 발달시키면 허리와 목을 오래
  곧게 펴고 앉을 수 있습니다.
- **긴장 완화와 근육 이완.** 정신적 긴장
  완화에도 도움이 됩니다.

오른쪽의 설명을 따라 여러
아사나를 연습하면서 긴 시간의
명상을 위한 준비운동을 해보세요.
요가 지도자의 지도를 따라 다른
아사나를 시도해도 좋고, 척추
스트레칭을 해도 좋습니다.
건강 문제가 있다면 우선 의사와
상담하세요.

나비 자세 혹은 바운드 앵글 자세
(푸르나 티탈리 아사나 혹은 받다 코나아사나)

이 아사나는 골반과 사타구니의 유연성을
길러줍니다. 골반과 허리가 뻣뻣하다면
도톰한 방석을 놓고 앉으세요.

03
골반을 살짝 뒤로 빼 척추를
곧게 세우세요.

02
무릎을 구부려 다리 옆면을
바닥에 대고 발바닥을 모은
뒤 뒤꿈치를 최대한 골반
가까이 끌어당기세요.

01
바닥에 다리를 펴고 앉으세요.

03
최대한 내려갔다면 팔을 등 뒤로
펴고 손깍지를 낀 뒤 팔을 바닥과
수직이 될 때까지 최대한 올리세요.

02
등을 곧게 편 채로 천천히 몸을
숙여 가능한 만큼 내려가세요.

01
발가락이 정면을 보도록
두고 다리를 넓게 벌려 선
뒤 등을 곧게 펴세요.

04
마지막 자세를 유지하면서
심호흡하세요. 엉덩이와
허리, 목에 힘을 빼세요.
시선은 다리 사이를 멀리
보세요.

05
변형 동작으로 팔을 풀어
종아리나 발목을 잡아도
좋습니다.

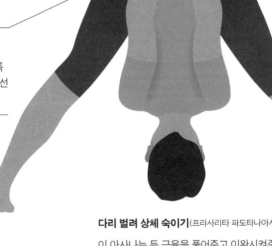

다리 벌려 상체 숙이기(프라사리타 파도타나아사나)

이 아사나는 등 근육을 풀어주고 이완시켜주는 스트레칭
동작입니다. 대안으로 아기 자세(95쪽 참고)가 있습니다.

05
얼마간 지나면 발을 그대로 두고
허벅지를 팔꿈치로 눌러 바닥
쪽으로 깊이 스트레칭해보세요.
기분 좋은 이완이 느껴진다면 몇
초간 그대로 멈추어 심호흡하세요.

04
손과 발을 가만히 둔 채 무릎을
아래위로 30~50회 움직여보세요.
혹은 손으로 무릎을 잡고 다리를
아래위로 움직여보세요.

아사나 수행 방법

다음을 유념하면서 본인의 시간과 필요에 맞추어
아사나를 수행하세요. 아사나는 아프려고 취하는
자세가 아니라 스트레칭을 위한 자세입니다.
천천히 주의 깊게 수행하되 너무 무리하지 마세요.

각 자세를 최소 30초 이상 유지하세요.

등을 한 방향으로 굽히는 아사나를 취했다면 그
다음에는 반대 방향으로 굽히는 자세도 비슷한
시간으로 해주세요.

언제나 이완 자세로 수행을 마무리하세요.

계속 ▶

01

다리를 펴고 앉아 두 발을 나란히
두세요.

02

잠시 손으로 바닥을 짚고 몸을 살짝
띄운 뒤 골반을 뒤로 빼 척추를 곧게
펴세요.

05

준비가 되었다면 팔을 짚고
천천히 상체를 일으키세요.

앉은 전굴 자세(파스치모타나아사나)

이 자세는 등 근육 단련에
도움이 됩니다. 허리에 통증이
느껴진다면 도톰한 방석을 깔고
앉으세요.

03

숨을 내쉬며 골반을 접어 상체를
앞으로 숙이세요. 팔을 뻗어 편안한
범위에서 최대한 멀리 다리를
짚어보세요.

04

자세를 유지한 채 심호흡하면서
내쉴 때마다 엉덩이와 허벅지,
등 근육의 긴장을 푸세요.

01

엎드려 누워 이마를
바닥에 대세요.

02

손바닥이 바닥을 보도록
팔을 앞으로 뻗으세요.

03

다리를 나란히 펴고
엄지발가락끼리 닿게
두세요.

04

눈을 감고 온몸을 이완시킨
채로 호흡이나 온몸에
주의를 기울여보세요.

엎드린 송장 자세(아드바사나)

명상을 마무리할 때 이 자세를 활용해 깊이 휴식해보세요.
대안으로 등을 대고 눕는 자세가 있습니다(68~69쪽 참고).

어깨 자세(칸다라아사나)

이 자세를 활용해 허리
근육을 키워보세요.

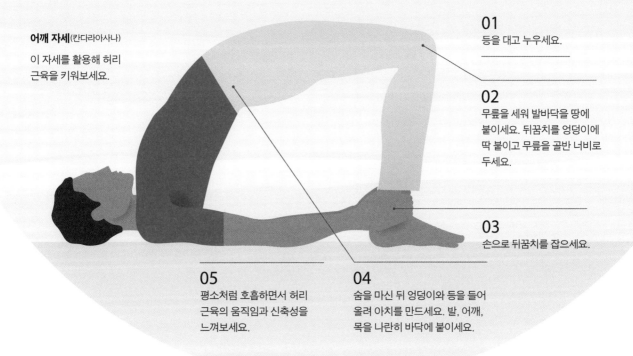

01
등을 대고 누우세요.

02
무릎을 세워 발바닥을 땅에
붙이세요. 뒤꿈치를 엉덩이에
딱 붙이고 무릎을 골반 너비로
두세요.

03
손으로 뒤꿈치를 잡으세요.

05
평소처럼 호흡하면서 허리
근육의 움직임과 신축성을
느껴보세요.

04
숨을 마신 뒤 엉덩이와 등을 들어
올려 아치를 만드세요. 발, 어깨,
목을 나란히 바닥에 붙이세요.

스핑크스 자세 혹은 쉬운 코브라 자세

(사랑 부장가아사나)

이 자세는 등 상부 단련에 도움이 됩니다.
대안으로 악어 자세가 있습니다(95쪽 참고).

02
팔꿈치를 어깨 아래에
두고 양 팔뚝을 나란히
바닥에 붙이세요.

03
골반이 떨어지지 않게
상체를 들어 올리세요.
정면을 쳐다보며
유지하세요. 등 중간부와
상부 근육의 신축성을
느껴보세요.

04
완전한 코브라
자세(부장가아사나)를
하려면 손바닥을 어깨
아래에서 약간 바깥을
짚고 팔을 쭉 펴 상체를
일으키세요.

01
엎드려 누워 다리를 쭉
펴세요. 발을 나란히 펴
발등과 발가락을 바닥에
붙이세요.

심화를 위한 피정

알아둘 점

명상 피정은 수행을 다음 단계로 끌어올리기 가장 좋은 방법입니다. 무엇을 기대해도 좋은지,
또 언제 가야 좋을지를 안다면 효과를 극대화시킬 수 있을 것입니다.

피정은 평소의 방해 요소에서 벗어나 명상에 깊이
몰두할 기회를 줌으로써 일상에 쉼표를 찍어줍니다.
그러나 휴식을 위한 것은 아닙니다. 오히려 강한 감정이
일어날 수도 있으므로 제대로 준비하고 언제가 좋은
시기일지 잘 생각하는 것이 좋습니다. 또한 자신도
몰랐던 또 다른 나를 발견할 수도 있습니다. 피정에서는
이를 외면할 방법도 없죠. 바로 이 때문에 피정은 깊은
자아 성찰과 변화의 좋은 바탕이 되어줍니다.
피정을 통해 스스로를 더욱 깊이 이해한다면 일상
속 문제들을 더 잘 견딜 수 있게 됩니다. 또한 주변
환경과 타인들이 자신의 에너지와 정신 상태에 어떤
영향을 미치는지를 더 잘 파악하게 됩니다. 이를 통해
알아차림을 기른다면 부정적이고 쓸모없는 상황을
멀리하는 등 구체적이고 긍정적인 변화를 일으킬 힘을
얻을 수 있습니다.

알아둘 점

피정의 모든 요소들은 오직 명상에 집중할 수 있게
설계되어 있습니다. 각각의 피정마다 수행 방식과
규칙, 접근법이 다르니 어떤 선택지가 있는지 자세히
조사해보세요. 대부분은 다음 요소를 공유합니다.

- **기간**. 피정을 보다 원활하게 경험하려면 초보자는
  1~3일이 적당합니다. 몇몇 사람들은 5~10일 이상도
  수행합니다. 대개는 며칠이든 정해진 기간 내내
  머물러야 합니다.
- **일과**. 일과를 정해두면 간결한 삶을 살 수 있습니다.

다음 할 일이 명확하므로 마음을 비우고 현재에
충실할 수 있는데, 이는 명상에 도움이 됩니다.
피정에서는 마음의 방황을 가라앉히기 위하여 매일을
명상 및 요가 등 명상에 관련된 활동들로 꽉 채웁니다.

- **음식**. 피정에서는 신체적 건강을 위하여 매일 같은
  시각, 채식 식사와 주전부리를 제공합니다. 이는 가벼운
  기분을 심어주며 소화에 쓰일 에너지를 아껴줍니다.
- **숙소**. 간혹 1인실이 있는 곳도 있지만, 대부분은 동성
  2~4명이 함께 쓰는 다인실을 제공하여 여러분의
  편안한 공간에서 벗어나 단순하고 공동체적인 삶의
  방식을 경험할 기회를 줍니다.
- **침묵**. 하루 중 일부 혹은 피정 전체 기간 동안 침묵하는
  규칙을 따른다면 명상을 한층 더 심화시킬 수 있습니다.
  모든 것이 잘 준비되어 있으므로 누구에게도 말을 걸
  필요가 없습니다.
- **읽기**. 자신을 온전히 대면하고 경험을 소화해내게끔
  아무것도 읽지 못하게 하는 피정이 많습니다.
  읽기는 마음에 새로운 개념과 아이디어를 공급하기
  때문입니다.
- **기기**. 명상을 통해 세워둔 집중력, 현존감,
  명확도를 유지하기 위하여 컴퓨터, 스마트폰,
  태블릿PC 등의 사용이 금지됩니다.
- **청소**. 단체 청소를 통해 일상 활동과 함께
  명상을 수행하도록 독려하는 피정이
  많습니다. 이를 선 수행에서는 작무(作務),
  요가에서는 카르마 요가라고 부릅니다.

"피정은 깊은 자기성찰을
도와주고 마음과 감정을
다루는 도구를 선사합니다."

기대할 점

갓 명상을 시작했다면 피정은 아직 무리일 수 있지만,
명상을 시작한 지 수개월이 지나 매일 명상하는
습관이 들고, 더욱 발전하고 싶다면 피정은 매우 좋은
경험이 될 것입니다. 어느 단계에 있든 다음의 지침을
생각해보세요.

작게 시작하세요. 1~3일 피정부터 시작하여 점차
늘려나가세요.

연결 찾기. 세속적인 피정도 있지만 대부분의 피정은
종교 단체에서 운영합니다. 평소 다니는 곳, 인연이
있고 존경하는 지도자가 있는 곳을 택하세요.

마음 열기. 피정에 참가할 때는 마음을 열고,
판단하지 않되 의지를 가져보세요. 모든 기대를 버린
뒤 끈질기고 유연하게 경험한다면 효과를 최대화할
수 있습니다.

풍성한 삶

영적 길로서의 명상

지난 한 세기를 지나는 동안 명상은 대체로 본래의 종교적 기원과 분리되었습니다. 그러나 명상이 몸과 마음에 긍정적인 영향을 미친다는 점을 알게 되었다면 그 영적 기원 또한 마찬가지로 가치 있는 무언가를 선사할지 궁금해질 수 있습니다.

몇몇 이들은 명상을 건강과 행복을 증진시키는 수행일 뿐만 아니라 나아가 영적 생활 방식의 일부이자 세계를 바라보는 새로운 방식으로 여깁니다. 이러한 요소들을 탐구해보고 싶다면 이번 페이지의 조언들이 좋은 시작점이 되어줄 것입니다.

영적 측면 받아들이기

간단하게 말하자면 영성은, 삶 속에 감각으로 느껴지는 것보다 더 많은 것이 있으며, 우주에 무의미한 역학 이상의 것이 있고, 우리의 의식이 뇌 내 전기 자극 이상의 것이라는 믿음입니다. 이러한 관점에서 명상은 영적 성장과 발전, 정화, 해방 등을 목표로 삼을 수 있으며, 그 내용은 각 전통에 따라 달라집니다(20~21쪽 참고).

길 선택하기

명상 기법들을 살펴보며 자신의 개성과 목표에 가장 잘 맞는 기법을 골랐던 것처럼, 다양한 생각과 책, 스승, 단체 등을 경험함으로써 영성의 다양한 측면들을 탐험하고 어느 영성이 가장 내 집처럼 느껴지는지 살펴볼 수 있습니다. 가장 마음에 드는 기법의 배경이 되는 전통부터 살펴보는 것이 좋은 시작점이 될 것입니다.

영적 여정을 시작하려 한다면 다음의 지침을 기억하는 것이 좋습니다.

- **각 전통들마다** 이론과 실천이 상충할 수 있습니다. 다양한 길을 경험하면서 서로 비교해보세요. 어느 하나가 모두에게 가장 좋다고 할 수 없음을 기억하세요.
- **다양한 스승과 접근법**을 만나보세요. 한 전통 내에서도 마찬가지입니다.
- **각 집단에서 어떤 느낌이 드는지** 살펴보고, 직감과 마음의 소리를 들어보세요.
- **스승과 숙련된 제자들**을 관찰해보세요. 여러분이 원하는 자질을 가지고 있던가요?
- **발전하는 과정**에서 이전에 도움이 되었던 요소들이 쓸모없어질 때도 있습니다. 원한다면 언제든 다른 길을 택할 수 있음을 명심하세요.

"명상의 영적 측면을 추구한다면
삶에 새로운 감각과 의미를
더할 수 있습니다."

나에게 맞는 길 찾기

영적 수행으로서의 명상이 추구하는 목표들을
아래에서 살펴보세요. 마음에 와 닿는 목표가 있다면
수행의 영적 측면을 탐구해보는 것이 도움이 될
것입니다.

마음과 정신을 정화하고 환상과 부정적 패턴
물리치기

진정한 자아(의식 또는 영혼) 발견하고 실현하기

신에게 나를 맡기고 하나되기

모든 현혹을 뿌리째 뽑고 있는 그대로의 현실
바라보기

영적 깨달음과 해방, 각성에 이르기

자아 혹은 개성을 해소하고 바다에 떨어지는 빗방울
되기

영성이나 도(道)와 스스로 조화되기

생과 사라는 지상의 굴레에서 해방되기

명상의 영적 효과에 대해서는 실용적 영성(28~29쪽)을
참고하세요.

신과의 연결

영성과 신앙심

신앙심은 명상의 다양한 영적 목적 중 하나입니다. 수행을 통해 신앙심을 기르는 데
관심이 있다면 키르탄과 같은 신앙 명상이 영적 연결에 큰 도움이 될 수 있습니다.

자신을 정화시키거나 마음을 고통에서 해방시키는
것이 명상의 영적 목적이라고 여기는 전통도 있는
반면, 기독교 신비주의나 힌두교 박티 요가처럼 명상을
신앙의 수단으로 보는 전통도 있습니다. 명상하는 동안
신에게 마음과 정신을 집중하는 한편 강한 종교적
감정을 일으키고 자신을 맡김으로써 수행의 영적 측면을
탐험한다는 의미입니다.

예컨대 기독교 신비주의에서는 신성한 단어나 문장을
외우거나 신의 존재를 느끼는 데 집중함으로써
마음과 정신을 계속 신에게 집중시키는 데 명상의
도움을 구합니다. 힌두교에도 비슷한 수행이 있으며,
키르탄과 같은 단체 찬송도 있습니다. 키르탄은
오늘날 비종교적인 형태로 서양에서 점점 더 인기를
끌고 있으며, 시크교 전통에서도 찾아볼 수 있습니다.
키르탄은 특정 종교에 대한 믿음 없이 감정적 복종을
처음 접할 수 있는 좋은 방법입니다.

신앙의 찬송

키르탄은 '신의 이름'을 부르고 응답받는 찬송으로
대개 산스크리트어나 힌디어로 부릅니다. 대체로
음악과 감정의 흐름을 이용하여 정신을 우회한 뒤
평안 혹은 황홀경의 상태에 이르는 것이 목표입니다.
박티 요가(심장의 요가)의 주요 수행법인 키르탄은
심장의 박티를 일깨워 변화된 의식 상태에 이르고자
합니다. 박티란 신이라는 드높은 영적 이상에 헌신하고
복종하는 감각을 말하는데, 여기서 신은 여러분이
어떤 이름이나 형태로든 믿는 높은 영적 이상을
가리킵니다. 마음 속 박티를 발달시킬수록 기분이
고양되어 편안한 감각과 놀라움, 그리고 행복을 찾을
수 있습니다. 키르탄은 또한 감수성을 높이고 마음을
누그러뜨려줍니다. 키르탄을 처음으로 접하기 가장
좋은 방법은 요가원 혹은 명상원의 프로그램에
참여하는 것입니다. 다음의 지침을 명심하는 게 도움이
될 것입니다.

> "심장을 깨우기 위한 찬송, 키르탄은 당신과 당신
> 내면의 무언가를 더욱 깊이 연결시켜줍니다."

- **태도**. 유(有, bhava), 즉 찬송 이면의 감정과 태도는 키르탄에서 가장 중요한 요소입니다. 마음을 열어주고 감정을 내보내거나 방향을 바꿔줍니다.

- **무사**(無私). 키르탄은 정신의 세상에서 벗어나 무사와 복종의 자리에서 신과 연결되게 이끌어주며, 처음에는 불편하게 느껴질 수도 있습니다. 그러므로 안전하게 느껴지는 집단 환경을 선택하는 것이 중요합니다.

- **무비판**. 자신의 목소리가 좋지 않다거나 집단 찬송이 이상하다는 생각이 떠오를 수도 있지만, 수행하는 동안 모든 판단을 미루어야 키르탄이 선사하는 진정한 경험을 느낄 수 있습니다.

- **일체감**. 소리와 목소리는 감정의 운송 수단이며, 마음은 방해만 될 뿐입니다. 지성은 문가에 놔두고 그저 떠오르는 모든 느낌을 경험해보세요. 마음을 열고 온전히 그 자리에 존재하면서 키르탄을 따라 새롭고 신비로운 곳에 이르러보세요.

몇 곡 부르고 나면 완전한 평온과 무사, 그리고 일체감으로 가득한 자리에 이를 것입니다. 그때가 되면 조용히 앉거나 서서 명상을 즐겨보세요.

연결되기

명상을 통해 영적 연결을 경험하고자 한다면 영성 기법을 시험해보세요.

신과의 연결

삼매

완벽한 정신 수양의 경지

명상은 여러분을 어디까지 데려다줄 수 있을까요? 이를 통해 어떤 종류의 정신 상태와
경험을 얻을 수 있을까요? 몇몇 묵상적 전통에서는 명상의 궁극적 상태, 완벽한 정신
수양의 경지를 가리켜 삼매(三昧, samadhi)라 부릅니다.

삼매는 다양하게 정의되지만, 요가와 베다 전통에서
삼매는 불교에서의 선정(禪定, jhana)과 같은 몰두 상태를
말합니다. 삼매에는 여러 수준이 있는데, 고전적인
정의에 따르자면 모든 수준의 삼매에는 다음과 같은
공통점이 있습니다.

● **명상 대상과 의식의 완전무결한 결합**. 마음과 대상이
   이원화 없이 하나가 됩니다. 대상이 끝내 사라지거나
   모호해진다면 깊은 단계의 삼매가 저절로 열릴
   것입니다.

● **완전하고 연속적인 무상무념과 마음의 고요**.
   몇 분 혹은 몇 시간 동안이나 그 어떤 생각이나 기억,
   이미지도 마음속에 떠오르지 않습니다.

● **주변 환경에 대한 무자각**. 마치 모든 감각이 잠시
   꺼진 듯, 누군가 이름을 불러도 듣지 못할 정도로
   몰두합니다.

● **자신의 몸에 대한 무자각**. 의식은 잠시 몸의
   한계를 벗어난 상태이지만 그 나름대로 완전히
   깨어있습니다. 누군가 몸에 고통을 가하더라도
   알아차리지 못합니다.

삼매에서는 개성이나 자아가 작동하지 않습니다.
삼매의 경지에 이르면 의식과 잠재의식을 정화하고
무언가 변화한 채 돌아오지만 방금 무슨 일이
있었는지를 설명하진 못합니다.

불교와 요가에서 삼매는 집중 수행의 정점이지만
깨달음과는 다른 상태입니다. 오히려 삼매는
깨달음이라는 궁극적 목표를 달성하기 위한 도구이자
수행입니다.

삼매 근처에도 못 가더라도 명상의 효과를 충분히
경험할 수 있지만, 삼매라는 개념을 알고 있는 것이
중요합니다. 삼매는 매우 야심찬 목표입니다. 몇몇 명상
지도자들은 이를 더 강조하지 않거나 반대로 보다 쉽게
달성할 수 있는 것처럼 말합니다. 삼매를 수행 정진의
방향성이자 영감으로 생각하는 것이 가장 좋습니다.

삼매 여정

각 단계의 삼매에 이를 때마다 대상과 정신 상태는 점점 더 미묘해집니다. 예컨대 요가 전통에는 대상이 남아있는 '유종삼매(사비자 사마디)' 여덟 단계를 거치는데, 호흡이나 촛불 등의 물질적 대상에서 시작하여 의식('나는'의 본질)까지 점차 미묘해집니다. 그 다음 단계가 대상 없는 '무종삼매(니르비자 사마디)'입니다. 마찬가지로 불교에서도 색계 선정과 무색계 선정을 논합니다. 삼매의 궁극적 단계에 이르는 사람은 매우 드물며 승려나 매우 숙련된 명상가들 사이에서도 흔치 않습니다. 또한 삼매를 경험하는 것과 의지대로 삼매에 오르는 능력은 완전히 다른 이야기입니다.

"삼매는 흔들림 없는 평화, 직접적 앎, 그리고 궁극의 행복이 있는 상태입니다."

참고자료

⊙ 아래 소개된 자료 중 국내에 번역되어 소개된 도서는 제목과 출판연도를 병기하였습니다.

[일반 정보]

Meditation and its Practice(Swami Rama)
명상과 수행(2018)
유명 요가 수행자가 명상 수행의 여러
측면에 관하여 집필한 짧고 쉬운 개론서.

**How to Meditate: A Practical Guide to
Making Friends with Your Mind**(Pema
Chodron)
정신과 감정을 탐험하고 상호 작용하는
방법.

Meditation for Beginners(Jack Kornfield)
처음 만나는 명상 레슨(2017)
여덟 가지 불교 명상을 소개하는 쉬운
지침서.

LiveAndDare
이 책의 저자가 운영하는 블로그. 명상
관련 주제를 실용적이고 어느 종파에도
속하지 않는 시각으로 심도 있게 다룸.
liveanddare.com

Wildmind
다양한 불교 명상을 세속적으로 소개.
wildmind.org

Mindful
마음챙김 명상의 다양한 측면을 다루는
친근하고 세속적인 블로그. 디지털
매거진 포함. mindful.org

[요가 명상과 사상]

Sure Ways to Self-Realization(Swami
Satyananda Saraswati)
내면의 침묵(안타르 모우나), 만트라(자파),
요가 니드라, 트라타카, 쿤달리니(크리야
요가) 등 요가 전통의 다양한 명상 종류에
관한 심도 깊은 연구. 요가 기법을
수행하려는 모든 명상가들의 필독서.

Asana Pranayama Mudra Bandha(Swami
Satyananda Saraswati)
아사나 쁘라나야마 무드라 반다(2007)
방대한 종류의 요가 아사나(자세)와
프라나야마(호흡법)를 배경 이론과 함께
쉽게 설명한 책.

Path of Fire and Light: Volume 2(Swami
Rama)
만트라, 쿤달리니, 호흡 명상을 다루고
마음과 마음의 패턴 사용법을 논하는
짧은 책.

**Mantra Yoga and Primal Sound: Secrets
of Seed**(Bija) **Mantras**(Dr David Frawley)
만트라 수행의 모든 측면을 다룬 철저한
탐구서.

Ajna Chakra(Rishi Nityabodhananda)
제3의 눈 명상과 각성에 관한 짧은 책.

Autobiography of a Yogi(Paramahansa
Yogananda)
어느 요기의 자서전(2019)
오늘날 요가 전통과 관련하여 가장
유명한 책들 중 하나.

**Vijnanabhairava or Divine
Consciousness: A Treasury of 112
Types of Yoga**(Jaideva Singh)
백여 가지가 넘는 명상법을 소개한
탄트라의 번역 및 해설서.

**The Yoga Tradition: Its History,
Literature, Philosophy and
Practice**(Georg Feuerstein)
요가 전통(2008)
요가 분파 다수의 역사, 철학, 수행에
관한 논문.

**The Living Gita: The Complete
Bhagavad Gita**(Swami Satchidananda)
인도의 핵심적인 종교서 중 하나의
현대적 번역서.

Yoga Forums
요가 명상 기법과 프라나야마를 포함하여
요가에 관련된 모든 것들에 관한 최대의
온라인 포럼. yogaforums.com

Bihar Yoga
비하르 요가의 구루들이 제작한
홈페이지로 요가의 고대 비밀
수행을 따라하기 쉬운 형태로 공개.
biharyoga.net

Traditional Yoga Studies
요가의 역사와 사상을 깊게 이해하고자
하는 이들을 위한 홈페이지.
traditionalyogastudies.com

Himalayan Institute
20세기 서양을 여행했던 권위 있는
요가 수행자인 스와미 라마의 유산.
himalayaninstitute.org

SwamiJ
탄트라 전통과 요가의 사색적 측면을
탐구하는 문헌 아카이브. swamij.com

[베단타 명상과 사상]

**Vedantic Meditation: Lighting the
Flame of Awareness**(David Frawley)
베단타 전통의 원칙과 수행에 관한 읽기
쉬운 책.

Advaita Made Easy(Dennis Waite)
베다 사상과 비이원성에 관한 개론서.

I Am That(Nisargadatta Maharaj)
아이 앰 댓(2007)
"나는" 명상 기법을 전파하는 오늘날의
영성 고전.

**Be As You Are: The Teachings of Sri
Ramana Maharshi**(ed. David Godman)
있는 그대로(2014)
유명한 자기 탐구 현자 스리 라마나
마하르시의 가르침이 담긴 책.

**The Heart of Awareness: A Translation
of the Ashtavakra Gita**(trans. Thomas
Byrom)
아드바이타 베단타의 철학을 자세히
설명한 아쉬타바크라 기타의 해설과 번역.

Advaita Bodha Deepika(Sri Karapatra
Swami)
불이해탈(2007)

비이원성과 자기 탐구의 영적 길을 세세히
보여주는 짧은 고전서.

Sri Ramana Maharshi
자기 탐구 명상을 가장 먼저 대중화시킨
인도의 구루. sriramanamaharshi.org

Nisargadatta Maharaj
오늘날의 영적 고전 『I am that』의
저자이자 자기 탐구 명상 기법의 대가.
nisargadatta.net

Avadhuta Foundation
베단타를 바탕으로 투쟁 없는 각성을
자세히 설명한 유명 구루이자 파파지로도
알려진 H. W. L. 푼자의 공식 홈페이지.
avadhuta.com

Awakening Beyond Thought
자기 탐구의 길을 명확하고 간단하게
보여주는 서양의 유명 지도자 개리
웨버의 홈페이지. happiness-beyond-
thought.com

Vedanta Spiritual Library
베단타의 가르침과 사상에 관한 방대한
온라인 아카이브. celextel.org

[불교 명상과 사상]

Mindfulness in Plain English(Bhante
Henepola Gunaratana)
위빠사나 명상(2007)
마음챙김과 위빠사나에 관한 가장
유명하고 읽기 쉬운 책 중 하나.

**Wherever You Go There You Are:
Mindfulness Meditation in Daily
Life**(John Kabat-Zinn)

존 카밧진의 왜 마음챙김 명상인가?(2019)
마음챙김 명상과 그 세속적 형태에 관하여
매우 쉽게 읽을 수 있는 책.

Turning the Mind into an Ally(Sakyong
Mipham Rinpoche)
불교 명상에 관한 좋은 개론서.

**The Heart of the Buddha's Teaching:
Transforming Suffering into Peace, Joy,
and Liberation**(Thich Nhat Hanh)
틱낫한 불교(2019)
고전 불교의 가르침과 수행에 관한 현대적
개론서.

Stages of Meditation(The Dalai Lama)
달라이 라마의 수행의 단계(2003)
불교 명상 수행 개론서.

The Mind Illuminated(John Yates PhD)
비추는 마음 비추인 마음(2017)
집중 수행을 강조하는 불교 명상 세계의
현대적 고전.

**Loving-Kindness: The Revolutionary Art
of Happiness**(Sharon Salzberg)
행복을 위한 혁명적 기술 자애(2017)
자애 명상과 관련 수행을 집중적으로
들여다보는 책.

**Finding the Still Point: A Beginner's
Guide to Zen Meditation**(John Daido Loori)
좌선에 관한 짧은 개론서.

**Zen Mind, Beginners Mind: Informal
Talks on Zen Meditation and
Practice**(Shunryu Suzuki)
선심초심(2013)
선 수행과 철학에 관한 훌륭한 책이자
지난 한 세기 동안 선을 다룬 책들 중 가장
유명한 책.

The Compass of Zen(Seung Sahn)
선의 나침반(2010)
선에 관한 훌륭한 개관.

**Opening the Hand of Thought:
Foundations of Zen Buddhist
Practice**(Kosho Uchiama Roshi)
선 수행과 가만히 앉아있기(지관타좌)를
생생하게 알려주는 책.

Dhamma.org
S. N. 고엔카가 알려주는 위빠사나 명상.
dhamma.org

Insight Meditation Society
미국의 명상센터 IMS의 홈페이지로
위빠사나, 마음챙김, 자애 명상에 관한
현대적 가르침과 피정 제공. dharma.org

Access to Insight
불교 문헌과 태국 상좌부불교의 스승들이
남긴 음성을 정리한 온라인 아카이브.
accesstoinsight.org

Tara Brach
유명한 불교 스승이자 임상심리학
박사이기도 한 타라 브랙이 서양의
심리학과 동양의 영적 수행을 한 데 모아
제시한다. tarabrach.com

Tricycle Magazine
서양에서 가장 유명한 불교 잡지.
tricycle.org

Zen Buddhism
선불교 관련 주요 홈페이지 중 하나. 일본
조동종에 바탕을 둔 홈페이지로 좌선
수행을 심화하는 데 유용한 자료들이
많다. zen-buddhism.net

Audio Dharma
IMC(Insight Meditation Center)가 무료로
제공하는 음성 형태의 불교적 가르침.
audiodharma.org

[도교 명상과 사상]

Tao: The Watercourse Way(Allan Watts)
도교사상과 수행에 관한 현대적 개론.

The Daodejing of Laozi(trans. Philip J.
Ivanhoe)
도교의 창시자 노자의 『도덕경』. 수수께끼
같고 심오하며 시적이다.

The Book of Chuang Tzu(trans. Martin
Palmer)
노자의 제자 장자의 가르침이 담긴
고전서.

365 Tao: Daily Meditations(Deng Ming-
Dao)
매일의 도교 사색을 제시하는 쉬운 책.

**The Root of Chinese Qigong:
Secrets of Health, Longevity, and
Enlightenment**(Dr. Yang, Jwing-Ming)
기공의 역사와 이론, 수행에 관한 심도
깊은 개론.

Inside Zhan Zhuang(Mark Cohen)
'나무처럼 서 있기' 태극권 명상에 관한 책.

Taoistic
도교의 사상적 가르침이 필요할 때마다
찾아보기 좋은 온라인 아카이브.
taoistic.com

[수피교 명상과 사상]

**Sufism: The Transformation of the
Heart**(Llewellyn Vaughan-Lee PhD)
수피교의 사상과 수행이 담긴 훌륭한
개론서.

Sufi Meditation and Contemplation(ed.
Scott Kugle)
수피교의 세 가지 주요 문헌에 대한 번역
및 해설. 수피교 명상을 주제로 삼은 가장
중요한 책들 중 하나.

**The Sufi Science of Self-Realization: A
Guide to the Seventeen Ruinous Traits,
the Ten Steps to Discipleship, and
the Six Realities of the Heart**(Shaykh
Muhammad Hisham Kabbani)
수피교 방식의 영적 정화와 자기 변화를
다룬 중요한 글.

**The Healing Power of Sufi
Meditation**(Nurjan Mirahmadi as-Sayyid)
수피교 방식에 관한 정확한 정보를
기술적으로 전달하는 책.

The Essential Rumi(Jalal al-Din Rumi)
가장 유명한 수피교도 루미의 아름다운
시를 엮은 책.

Living from the Heart(Puran Bair and
Susanna Bair)
수피교 심장 박동 명상을 근대적으로
해석하여 호흡과 심장 박동의 박자를
맞추는 방법을 설명하는 책.

Sufi Saints & Sufism
수피교의 다양한 영적 수행을 심도 깊게
다루는 홈페이지. sufisaints.net

참고문헌

이 책에는 정확한 자료만을 사용하고자 만전을 기했으나 혹시라도 오류나 누락이 있다면 지적을 달게 받겠습니다. 기재 순서는 각 장에서의 등장 순서와 같습니다.

22~23쪽, 힘 갈고닦기

F. Zeidan et al, "Mindfulness meditation improves cognition: Evidence of brief mental training", *Consciousness and Cognition* 19, no. 2(2010), pp.597~605; L. S. Colzato et al, "Meditate to create: The impact of focused-attention and open-monitoring training on convergent and divergent thinking", *Frontiers in Psychology* 3, no. 116(2012); B. K. Hölzel et al, "Mindfulness practice leads to increases in regional brain gray matter density", *Psychiatry Research: Neuroimaging* 191, no. 1(2011), pp.36~43; P. Lush et al, "Metacognition of intentions in mindfulness and hypnosis", *Neuroscience of Consciousness*(2016), pp.1~10; P. Kaul, et al, "Meditation acutely improves psychomotor vigilance, and may decrease sleep need", *Behavioral and Brain Functions* 6, no. 47(2010); E. Luders, et al, "The unique brain anatomy of meditation practitioners: Alterations in cortical gyrification", *Frontiers in Human Neuroscience* 6, no. 34(2012).

24~25쪽, 정서 건강의 열쇠

F. Raes et al, "School-Based Prevention and Reduction of Depression in Adolescents: A Cluster-Randomized Controlled Trial of a Mindfulness Group Program", *Mindfulness* 5, no. 5(2014), pp.477~486; A. J. Arias et al, "Systematic Review of the Efficacy of Meditation Techniques as Treatments for Medical Illness", *The Journal of Alternative and Complementary Medicine* 12, no. 8(2006), pp.817~832; K. W. Chen, et al, "Meditative therapies for reducing anxiety: A systematic review and meta-analysis of randomized controlled trials", *Depression and Anxiety* 29, no. 7(2012), pp.545~562; B. L. Fredrickson, et al, "Open Hearts Build Lives: Positive Emotions, Induced Through Loving-Kindness Meditation, Build Consequential Personal Resources", *Journal of Personality and Social Psychology* 95, no. 5(2008), pp.1045~1062; J. S. Mascaro et al, "Compassion meditation enhances empathic accuracy and related neural activity", *Social Cognitive and Affective Neuroscience* 8, no. 1(2013), pp.48~55; B. K. Hölzel et al, "Mindfulness practice leads to increases in regional brain gray matter density", *Psychiatry Research: Neuroimaging* 191, no. 1(2011), pp.36~43; J. D. Creswell et al, "Mindfulness-Based Stress Reduction Training Reduces Loneliness and Pro-Inflammatory Gene Expression in Older Adults: A Small Randomized Controlled Trial", *Brain, Behavior, and Immunity* 26, no. 7(2012) pp.1095~1101.

26~27쪽, 몸이 원하는 수행

J. Gu et al, "How do mindfulness-based therapy and mindfulness-based stress reduction improve mental health and wellbeing?", *Clinical Psychology Review* 37(2015), pp.1~12; E. Epel et al, "Can meditation slow rate of cellular aging? Cognitive stress, mindfulness, and telomeres", *Longevity, Regeneration, and Optimal Health Integrating Eastern and Western Perspectives*(2009), pp.34~35; R. J. Davidson et al, "Alterations in brain and immune function produced by mindfulness meditation", *Psychosomatic Medicine* 65, no. 4(2003), pp.564~570; M. Goyal et al, "Meditation Programs for Psychological Stress and Well-being: A Systematic Review and Meta-analysis", *JAMA Internal Medicine* 174, no. 3(2014), pp.357~368; D. W. Orme-Johnson and V. A. Barnes, "Effects of the transcendental meditation technique on trait anxiety: A meta-analysis of randomized controlled trials", *The Journal of Alternative and Complementary Medicine* 20, no. 5(2014), pp.330~341; R. H. Scheider et al, "Stress Reduction in the Secondary Prevention of Cardiovascular Disease", *Circulation: Cardiovascular Quality and Outcomes* 5, no. 6(2012); M. Teut et al, "Effectiveness of a mindfulness-based walking programme in reducing symptoms of stress – a randomized controlled trial", *European Journal of Integrative Medicine* 4, no. 1(2012), p.78.

색인

186

색인

187

색인

감사의 말

저자에 관하여

지오반니 딘스트만은 구루도, 종교 지도자도 아닌,
나름의 길을 걸어온 수행가로서 지금껏 개인적 성장과
영적 각성의 여정에서 그를 도와주었던 강력한 도구들과
통찰, 영감을 나누고 있습니다.

지난 20여 년 동안 저자는 80개 이상의 명상 기법을
시도하고, 200권이 넘는 시적을 언구했으며, 8,000시간
이상 명상했습니다. 전 세계의 선 수행 대가와 승려,
요가 수행자들을 만나 이야기도 나누었습니다.

저자는 명상 지도자이자 작가, 코치로서 전 세계 여러
전통의 도구와 가르침을 21세기의 사람들이 쉽게
소화할 수 있도록 체계적이고 이성적이며 실용적이고
어느 종파에도 속하지 않는 방식으로 번역하고
'업데이트'하고자 합니다. 그의 글들은 세계에서 다섯
손가락 안에 꼽히는 명상 블로그인 그의 홈페이지
"LiveAndDare"에서 만나볼 수 있습니다.

저자의 말

우선 저에게 직접 가르침을 주셨거나 간접적으로
영감을 주셨던 모든 대가와 스승들에게 감사를 표하고
싶습니다. 개인적으로 만났던 분들 중 락시마나 스와미,
시바루드라 바라요기, 무지, 조신 선생, 모리야마 노시,
스와미 묵티보르드하난다에게 특히 감사를 드립니다.
직접 만나지는 못했지만 제가 사색의 길을 나아가는 데
깊은 영향을 미쳤던 대가와 인물로는 라마나 마하르시,
시바바라요기, 니사르가다타 마하라지, 파파지,
스와미 사티아난다, 스와미 라마, 스와미 비베카난다,
아나말라이 스와미, 사두 옴, 데이비드 가드먼,
데이비드 프롤리, 다니엘 드 아비라, 오쇼, 우치야마 노시,
아디 샨크라, 그리고 부처님이 계십니다. 마지막으로
제 배움과 가르침의 길에 끊임없이 관심과 지지를
보내주시고 제 끝없는 집착과 기이한 실험, 맹점,
아집을 인내로 견뎌주셨던 세피드 타지마에게
특별히 감사 인사를 드립니다.

출판사의 말

표지를 그려준 키스 헤이건, 디자인을 도와준 루이스
브리겐쇼와 제이드 휘튼, 편집을 도와준 메건 리아,
로나 스킨, 알라스테어 랭, 교정에 코린 마스키오치,
색인에 마가렛 맥코르맥, 미디어 아카이빙에 에밀리
레이드, 프로덕션에 로버트 둔, 로리 핸드와 마지막으로
미국의 편집자 카일라 더거에게 감사 인사를 드립니다.

옮긴이 **서종민**

뉴욕주립대학교 국제정치학, 경제학을
복수 전공하였다. 현재 번역 에이전시
엔터스코리아에서 전문 번역가로 활동하고
있다. 주요 역서로는 『헤르만 지몬 프라이싱』,
『불안해서 밤을 잊은 그대에게』, 『어떤
질문은 당신의 벽을 깬다』, 『이슬람의
시간』, 『알렉산더 해밀턴』, 『피렌체: 피렌체
회화와 프레스코화 1250-1743년』, 『이슬람
테러리즘 속 이슬람』, 『군주론』 등이 있다.

감사의 말